KB201591

하루 만에
다 주신다고
믿어라

김열방 김사라 이숙경
이은영 정은하 지음

당신이 아무리 큰 것을 구해도
하나님은 하루 만에 다 주신다.

날개미디어

1억이든 10억이든 하루 만에 다 주신다

당신은 어떤 문제로 고민하고 있습니까?

혹시 돈 문제 때문에 고민하고 있지 않습니까? 그것이 얼마입니까? 1억이든 10억이든 하나님은 하루 만에 다 주십니다.

"그렇게 큰돈을요?"

하나님께는 1억이든 10억이든 '큰돈'이라는 개념이 없습니다. 그분께는 모든 민족들 곧 열방이 통의 한 방울 물과 같이 작습니다. "보라, 그에게는 열방이 통의 한 방울 물 같고 저울의 작은 티끌 같으며 섬들은 떠오르는 먼지 같으리니……."(사 40:15)

결제할 돈이 없어 부끄러움과 수치를 당했다고요? 그것도 하나님이 다 기억하시고 갑절로 보상해 주신다고 약속하셨습니다.

"너희가 받은 수치를 갑절이나 보상받으며 부끄러움을 당한 대가로 받은 몫을 기뻐할 것이다. 그러므로 너희가 땅에서 갑절의 상속을 받으며 영원한 기쁨을 차지할 것이다."(사 61:7)

이 얼마나 놀랍고 멋진 약속입니까?

하나님께서 당신에게 무엇을 해주신다고요?

첫째, 당신이 그동안 받은 수치에 대한 갑절의 보상을 해주십니다. 둘째, 당신이 그동안 부끄러움을 당한 것에 대한 대가로 큰 몫을 받게 해주십니다. 셋째, 당신이 땅에서 갑절의 상속을 받게 해주십니다. 넷째, 당신에게 일시적인 기쁨이 아닌 영원한 기쁨을 주십니다. 이 모든 것을 어느 날 하루 만에 다 주십니다.

성경에 나오는 요셉은 실제로 그런 복을 다 받았습니다.

나도 결제할 돈이 없어 부끄러움과 수치를 당한 적이 있습니다. 서울 잠실에 와서 지하방에 살 때 한 달 치 월세를 제 때에 못 내 큰 부끄러움을 당하기도 했고 나중에는 월세를 10개월 치나 못 내 보증금이 다 깎여 50만 원을 손에 들고 이사하게 된 적도 있습니다. 어떤 해에는 청구서가 책 두께 만큼 쌓이기도 했습니다. 각종 세금과 보험료, 관리비, 핸드폰 요금 등의 청구서가 계속 날아왔는데 결제할 돈이 없으니까 아예 뜯지도 않고 서랍에 넣어 두었습니다. 그렇게 3개월 정도 지나니까 쌓인 청구서가 책 두께 만큼 되었던 것입니다. 끝도 없는 결제의 연속이었습니다.

그래도 주님은 "아들아, 괜찮다. 내가 하루 만에 다 줄게. 걱정하지 마라"고 하셨고 나는 그 세미한 음성을 믿고 또 믿었습니다. 그리고 정말 어느 날 하루 만에 다 주셨고 한방에 다 결제했습니다. 그 두꺼운 청구서들이 펑 하고 하루 만에 다 사라졌습니다.

하나님은 내게 그분이 명하신 땅인 잠실에서 예배하라고 지시하셨습니다. 나는 많은 시련을 겪었지만 어떻게든 버티며 잠실에서 예배했습니다. 그런 내게 하나님은 결국 백배의 복을 주셨습니다. 당신도 흔들리지 말고 당신의 자리를 굳게 지키십시오. 그러면 반드시 당신의 나무에서 과실을 따먹는 날이 올 것입니다.

"무화과나무를 지키는 자는 그 과실을 먹고 자기 주인을 시종하는 자는 영화를 얻느니라."(잠 27:18)

주님은 내게 "어떤 대가를 지불하더라도 내 음성에 순종하고 끝까지 나를 따라오라. 그러면 내가 복을 주겠다"고 약속하셨고 정말로 그 약속을 지키셨습니다. 나는 백배의 복을 받았습니다.

"예수께서 이르시되, 내가 진실로 너희에게 이르노니 나와 복음을 위하여 집이나 형제나 자매나 어머니나 아버지나 자식이나 전토를 버린 자는 현세에 있어 집과 형제와 자매와 어머니와 자식과 전토를 백배나 받되 박해를 겸하여 받고 내세에 영생을 받지 못할 자가 없느니라. 그러나 먼저 된 자로서 나중 되고 나중 된 자로서 먼저 될 자가 많으니라."(막 10:29~31)

내 삶은 백배나 더 풍요해졌습니다. 물론 지금도 청구서가 많이 날아오지만 모두 자동 이체로 '자동 결제' 하고 있기 때문에 결제 걱정은 하지 않습니다. 주님께서 내게 말씀하셨습니다.

"아들아, 작은 것 때문에 스트레스 받지 말고 모두 자동 결제하라. 내가 결제 곳간에 많이 채워 줄게. 넘치게 채워 줄게."

하나님은 채우시는 것이 그분의 전공입니다. 그것도 조금이 아닌 넘치게 채워 주십니다. 잉여분까지 채워 주십니다. 이 언약을

믿으십시오. "나를 사랑하는 사람에게 재산을 안겨 주고 그의 금고를 가득히 채워 준다."(잠 8:21)

하나님은 당신을 실망시키지 않고 약속을 지키십니다.

하나님이 당신의 돈 문제를 하루 만에 다 해결해 주신다고 믿으십시오. 나는 지금까지 크고 작은 많은 돈 문제에 부딪혔습니다. 그로 인해 어찌할 줄 몰라 머리를 싸매고 끙끙대곤 했는데 그때마다 해결책은 하나였습니다. 무엇일까요? '하나님의 음성'입니다. 나는 "성령님, 이 문제를 어떻게 하면 될까요?"라고 물었고 그때마다 그분은 내게 세미한 음성으로 똑똑히 대답하셨습니다.

'아들아, 걱정하지 마라. 내가 하루 만에 다 줄게.'

내가 산책할 때, 운전할 때, 설거지할 때, 샤워할 때, 침대에 누웠을 때, 음성이 들려왔습니다. 나는 '음성'을 들으면 눈에 보이는 현상과 상관없이 모든 문제가 시간과 공간을 초월해 이미 해결되었다고 믿었습니다. 당신도 '채우시는 하나님'을 믿으십시오.

"나의 하나님이 그리스도 예수 안에서 영광 가운데 그 풍성한 대로 너희 모든 쓸 것을 채우시리라."(빌 4:19)

오늘도 몇 년간 나를 힘들게 한 문제가 있었는데 성령님의 음성을 듣고 하루 만에 다 해결되었습니다. 그 음성이 언제 들려왔을까요? 내가 책상에 앉아 노트북을 펴고 열심히 책을 쓰다 보면 금방 한 시간이 지나가는데 시계를 보지 않아도 내 몸이 힘들다는 것을 조금씩 느끼게 됩니다. 그러면 즉시 일어나 몸을 움직입니다. 스트레칭도 하고 운동도 하고 산책도 하고 설거지도 합니다.

오늘은 설거지를 하다가 음성을 들었습니다.

'아들아, 걱정하지 마라. 그 문제는 내가 이렇게 해결해 줄게.'

성령님은 나에게 기도 응답을 주실 때 똑같은 내용을 세 번 정도 말씀하시는 경우가 많습니다. 그러면 나는 그 내용을 메모해 두고 암송합니다. 설거지 하던 중에 한 번 들었는데, 설거지가 끝나고 목이 말라 물을 마시려고 다시 주방에 들어서서 정수기의 물을 받으려고 잠깐 서 있는데 똑같은 음성이 다시 들렸습니다.

성령님께서 어떤 장소에서 구체적인 음성을 들려주셨을 때는 그 장소에 가면 다시 그 음성이 들려옵니다. 왜 그런지는 모르지만 나는 종종 그런 경험을 하곤 합니다. 그 장소에 그분의 음성이 남아 있는 걸까요? 하나님의 음성은 땅에 떨어지거나 공중으로 날아가지 않고 거기에 있는 것 같습니다. 그리고 그 음성을 암송하므로 내 가슴에 완전히 새기면 그때부터는 그 음성이 그 장소에 남아 있지 않고 내 가슴에 남아 있게 됩니다.

"이는 비와 눈이 하늘로부터 내려서 그리로 되돌아가지 아니하고 땅을 적셔서 소출이 나게 하며 싹이 나게 하여 파종하는 자에게는 종자를 주며 먹는 자에게는 양식을 줌과 같이 내 입에서 나가는 말도 이와 같이 헛되이 내게로 되돌아오지 아니하고 나의 기뻐하는 뜻을 이루며 내가 보낸 일에 형통함이니라."(사 55:10~11)

신구약 66권으로 성경 기록은 완전히 끝났습니다. 하지만 하나님은 그분의 자녀가 겪는 문제에 대해 구체적인 음성 곧 세미한 음성을 수시로 들려주십니다. 하나님은 실제로 살아 계신 분이기 때문입니다. 그러므로 우리는 그분의 음성을 사모하고 귀 기울여 듣고 순종해야 합니다. 그 음성은 이런 것들입니다.

"그 목사님에게 20만 원을 주어라."

"너는 브라질에 가서 선교해라. 그곳에 얼마간 머물러라."

"그 사람을 용서해라. 원수를 갚지 말고 내게 맡겨라."

"지금 당장 하는 일을 멈추고 그 사람을 위해 기도해라."

"이제 그만 먹어, 많이 먹었다. 더 이상 먹지 마라."

"그 상처가 사라지기까지는 시간이 좀 필요하다."

"10년 치 월세와 관리비를 선불로 주겠다."

"100년 치 이자를 선불로 주겠다."

"선교비를 천만 원 보내라."

나는 지금까지 성령님의 음성을 듣고 살아왔습니다.

그분은 내게 서울 잠실로 가서 교회를 개척하라고 말씀하셨고 나는 그 음성에 순종했습니다. 사람들은 내게 자꾸 묻습니다.

"왜 서울 잠실에서 목회하시나요? 경기도 신도시나 서울 외곽으로 빠지면 땅값도 싸고 더 많은 군중이 모일 텐데요."

"성령님의 음성 때문입니다. 다른 이유가 없습니다. 성령님께서 내게 잠실에서 교회를 개척하라고 하셨기 때문에 개척했고 잠실에 머물라고 하셨기 때문에 계속 머무는 것입니다. 나는 하나님의 음성에 순종합니다. 진정한 성공은 외형이 아닌 오직 하나님의 음성을 듣고 순종하는 것입니다. 그것이 전부입니다."

사람들은 성공을 외모로 판단합니다.

"교인은 몇 명이 모이느냐? 얼마나 큰 예배당을 지었느냐?"

하지만 하나님의 판단 기준은 다릅니다. 그분은 그분의 음성에 대한 순종으로 성공 여부를 판단하십니다. 사울 왕을 보십시오.

그가 아무리 아말렉과의 전쟁에서 승리하고 많은 전리품을 가져왔어도 하나님은 그를 보고 성공했다고 칭찬하지 않으셨습니다. 오히려 "왜 내 음성에 온전히 순종하지 않았느냐?"고 책망하셨습니다. 사울은 백성들과 함께 하나님께 제사하기 위해 살찐 송아지와 양을 죽이지 않고 끌고 왔다고 했습니다.

많은 사람들이 생각하기를, 21만 명의 군사를 이끌고 나가 아말렉과 싸워 이긴 사울 왕이 백성들과 함께 기쁜 마음으로 수천 마리의 송아지와 양을 잡아 피 흘리며 제사를 지내고 감사한 마음으로 두 손을 들고 눈물을 흘리며 여호와를 뜨겁게 찬양하면 그것을 대단한 성공이라고 여기지 않겠습니까? 그러나 하나님은 그런 화려한 제사보다 온전한 순종을 원하신다고 말씀하셨습니다.

"사무엘이 이르되 여호와께서 번제와 다른 제사를 그의 목소리를 청종하는 것을 좋아하심 같이 좋아하시겠나이까? 순종이 제사보다 낫고 듣는 것이 숫양의 기름보다 나으니 이는 거역하는 것은 점치는 죄와 같고 완고한 것은 사신 우상에게 절하는 죄와 같음이라. 왕이 여호와의 말씀을 버렸으므로 여호와께서도 왕을 버려 왕이 되지 못하게 하셨나이다 하니……."(삼상 15:22~23)

여기서 여호와의 말씀은 곧 '음성'을 의미합니다.

그분의 음성을 듣고 온전히 순종하는 것이 가장 큰 성공입니다. 하나님은 사람의 외모가 아닌 중심을 보시는 분입니다.

당신에게 일어난 모든 문제가 하나님이 보실 때는 떠오르는 먼지와 같이 가볍고 작은 일에 불과합니다. 하나님은 "그런 문제들 때문에 너무 충격을 받거나 힘들어 하거나 우울해 하거나 속상해

하지 마라. 별거 아니다. 내가 하루 만에 다 해결해 줄게"라고 말씀하십니다. 하나님의 음성이 들리면 하루 만에 다 해결됩니다.

당신의 마음을 힘들게 하는 문제, 당신의 고개를 떨어뜨리고 어깨가 축 처지게 하는 문제, 가슴이 답답하고 폭발할 것만 같은 문제가 어떤 문제입니까? 돈 문제입니까? 사람 문제입니까? 그것이 어떤 문제이건 하나님께서 하루 만에 다 해결해 주실 것입니다. 하나님의 세미한 음성과 기적적인 손길을 기대하십시오.

하루 만에 다 주신다고 믿으십시오.

2019년 11월 11일

김 열 방

"그들을 위하여 양 떼와 소 떼를 잡은들 족하오며
바다의 모든 고기를 모은들 족하오리이까."(민 11:22)

"Would they have enough if flocks and herds were slaughtered for them?
Would they have enough if all the fish in the sea were caught for
them?"(Numbers 11:22)

[목차]

아무리 큰돈도 하루 만에 다 주신다

하나님은 당신이 구한 것을 하루 만에 주신다

당신은 지금 어떤 문제로 고민하고 있습니까?

혹시 돈 문제 때문에 고민하고 있지 않습니까?

나도 막상 돈 문제에 부딪히면 어떻게 해결해야 할지 막막했지만 하나님께서는 내가 구한대로 어느 날 하루 만에 다 주셨습니다. 돈만 아니라 문제를 해결할 수 있는 지혜도, 큰일을 할 수 있는 능력도, 꼭 필요한 사람도 하루 만에 다 주셨습니다.

나는 그동안 하나님의 일을 하면서 수많은 돈 문제를 해결해야 했습니다. 내가 하나님께 정말 많이 구한 것 중에 하나가 돈에 대한 것입니다. 나는 하나님의 음성을 듣고 서울 잠실에 와서 교회를 시작했습니다. 교회는 처음에 보증금 천만 원에 월세 80만 원을 내는 상가 30평을 빌렸고 사택은 보증금 300만 원에 월세 30만 원을 내는 지하를 얻었습니다. 나중엔 텔레비전과 라디오 방송까지 하며 한 달에 500만 원, 천만 원을 결제하기도 했습니다.

그 당시 개척 교회를 하던 내게는 꽤 큰돈이었습니다.

매일 피를 말리는 긴장감이 맴돌았지만 나는 전능하신 하나님께 구했고, 받았다고 믿었고, 결국 하루 만에 다 받았습니다.

나는 그때나 지금이나 먹고 살기 위한 것은 염려하지 않습니다. "무엇을 먹을까 무엇을 입을까 무엇을 마실까 염려하지 마라"고 하신 예수님의 말씀을 믿기 때문입니다. 그런 정도의 재정은 내가 염려하지 않아도 하나님이 항상 넘치게 채워 주셨습니다.

하지만 사역을 하면서부터는 매일 끝도 없는 크고 작은 돈 문제를 해결해야 했고 그것을 위해 밤낮 머리를 싸매고 고민해야 했습니다. 내 힘으로는 해결할 수 없는 돈 문제였기 때문에 그때마다 나는 하나님께 구체적으로 필요한 금액을 구했습니다. 그리고 모두 응답 받았는데, 하나님은 대부분 하루 만에 다 주셨습니다.

1만 원, 5만 원 등의 작은 돈을 조목조목 하나씩 구하고 응답 받은 적도 많았지만 작은 것들을 수백 개씩 모아 한꺼번에 기도하고 응답 받은 적도 많았습니다. 하나님은 하루 만에 100가지, 200가지의 돈 문제를 극적으로 해결해 주시곤 했습니다.

만 원짜리 돈 문제가 천 가지면 천만 원입니다. 하나님은 하루 만에도 천만 원을 주십니다. 10만 원짜리 문제가 천 가지면 1억입니다. 하나님은 하루 만에도 1억을 주십니다. 500만 원짜리 돈 문제가 열 가지면 5천만 원이고 100가지면 5억입니다. 하나님은 하루 만에 5천만 원도 주시고 5억도 주시고 50억도 주십니다.

가끔 필요한 돈이 제 날짜에 안 채워져 마음 졸인 적도 있었지만 그래도 지나고 나서 보면 하나님이 그런 것도 하루 만에 다 채워 주셨습니다. 어떻게든 채워 주셨습니다. 기적이 일어났습니다.

당신도 지금 돈 문제로 고민하고 있지 않나요?

염려하지 마십시오. 하나님이 하루 만에 다 주십니다.

어떻게 주시나요? 나도 모릅니다. 어떻게든 주십니다.

"나의 하나님이 그리스도 예수 안에서 영광 가운데 그 풍성한 대로 너희 모든 쓸 것을 채우시리라."(빌 4:19)

하나님이 당신의 모든 쓸 것을 하루 만에 다 주실 것입니다.

아무리 큰돈도 하루 만에 다 주신다

당신은 돈 문제 때문에 낙심한 적이 없습니까?

나는 끝도 없는 돈 문제 때문에 모든 것을 포기하고 시골로 내려가고 싶은 마음이 든 적이 있었습니다. 하지만 하나님은 그렇게 하지 말고 내가 있어야 할 곳에 계속 머물라고 하셨습니다.

"아들아, 네가 있어야 할 곳에 계속 머물러라. 그러면 내가 반드시 네게 복을 주겠다. 백배, 천배의 복을 주겠다."

나는 순종했고 백배, 천배의 복을 실제로 다 받았습니다.

하나님은 그분이 약속하신 것을 반드시 지키시는 분입니다.

"하나님은 사람이 아니시니 거짓말을 하지 않으시고 인생이 아니시니 후회가 없으시도다. 어찌 그 말씀하신 바를 행하지 않으시며 하신 말씀을 실행하지 않으시랴."(민 23:19)

하나님이 당신에게 약속하신 말씀이 다 이루어진다고 확신하기 바랍니다. 어떤 일이 있어도 흔들리지 말기 바랍니다.

"약속하신 그것을 또한 능히 이루실 줄을 확신하였다."(롬 4:21)

하나님이 당신을 부르셨으면 어떤 어려움이 있더라도 그분이 명하신 장소에 머물러야 합니다. 그래야 복을 받습니다. 떠나면 끝입니다. 힘들어도 괴로워도 자리를 지켜야 합니다. 그러면 반드시 하나님이 모든 문제를 해결해 주시고 큰 복을 주십니다. 10년, 20년만 아니라 100년이고 천년이고 그 자리를 지키십시오.

하나님은 흉년 때문에 애굽으로 내려가려고 했던 이삭에게 내려가지 말고 그분이 지시한 땅에 거주하라고 명령하셨습니다.

"아브라함 때에 첫 흉년이 들었더니 그 땅에 또 흉년이 들매 이삭이 그랄로 가서 블레셋 왕 아비멜렉에게 이르렀더니 여호와께서 이삭에게 나타나 이르시되 '애굽으로 내려가지 말고 내가 네게 지시하는 땅에 거주하라. 이 땅에 거류하면 내가 너와 함께 있어 네게 복을 주고 내가 이 모든 땅을 너와 네 자손에게 주리라. 내가 네 아버지 아브라함에게 맹세한 것을 이루어 네 자손을 하늘의 별과 같이 번성하게 하며 이 모든 땅을 네 자손에게 주리니 네 자손으로 말미암아 천하 만민이 복을 받으리라. 이는 아브라함이 내 말을 순종하고 내 명령과 내 계명과 내 율례와 내 법도를 지켰음이라' 하시니라. 이삭이 그랄에 거주하였더니……."(창 26:1~6)

지금이 흉년의 때여서 너무 견디기 힘들다고요?

내 인생에도 흉년의 때가 있었습니다. 모든 것을 그만 두고 시골로 내려가고 싶은 마음이 하루에도 몇 번씩 들곤 했습니다. 하지만 성령님이 나를 붙들어 주셨습니다. 성령님이 공급하시는 힘으로 나는 하나님이 명하신 장소와 위치에서 끝까지 버텼고 어느 정도의 썰물의 기간이 지나자 다시 밀물이 밀려왔습니다.

힘들 때는 모든 것이 계속 빠져나가기만 하는 것만 같았습니다. 피와 땀과 눈물이 빠져나가는 것 같았고 뼈까지도 빠져나가는 것 같았습니다. 돈도 10원짜리 하나 남지 않고 계속 빠져나가는 것만 같았습니다. 빚만 자꾸 쌓여 가는 것 같았습니다. 하지만 나는 포기하지 않고 끝까지 하나님을 믿고 오래 참았습니다.

하나님이 정하신 밀물의 때가 오자 모든 것이 하루 만에 해결되었습니다. 수천만 원의 빚도 하루 만에 다 갚았고 밀렸던 월세도 하루 만에 다 냈습니다. 은혜의 하나님은 내가 상상도 못했던 공급을 기적적으로 해주셨습니다. 당신도 믿으십시오.

당신도 하나님이 부르셨으면 어떤 어려움이 있더라도 절대로 그곳을 떠나지 말고 머물러야 합니다. 그래야 하나님이 당신에게 언약하신 복을 다 받게 될 것입니다. 하나님은 전지전능하신 분입니다. 그분은 없는 것은 만들어서라도 어떻게든 당신의 필요를 꼭 채우실 것입니다. 날마다 이 말씀을 믿으십시오.

"기록된 바 내가 너를 많은 민족의 조상으로 세웠다 하심과 같으니 그가 믿은 바 하나님은 죽은 자를 살리시며 없는 것을 있는 것으로 부르시는 이시니라."(롬 4:17)

하나님은 죽은 자를 살리시며 없는 것을 있는 것으로 부르시는 분이십니다. 이 말씀을 믿고 순간마다 기적을 기대하십시오.

하나님이 모든 것을 공급하신다는 말씀을 믿지 않는 것은 죄입니다. 왜일까요? 하나님이 공급하신다는 것을 믿지 않으면 결국 자기 힘으로 인생을 살아간다고 착각하고 모든 짐을 자기 스스로 지고 죽어라고 노력하며 몸부림쳐야 하기 때문입니다.

그러면 인생이 엄청 고달파지고 비참해집니다.

한 달에 5억씩 벌던 한 사업가가 빌딩을 몇 채 샀는데 경영을 잘못해서 부도를 맞고 어떻게든 살겠다고 외국에 나가 10년 동안 20개의 직업을 바꾸며 노력했지만 먹고 살기조차 힘들었습니다. 그는 인물도 잘생기고 머리도 좋고 영어도 잘하고 친절하고 모든 면에 뛰어난 사람이었지만 인생살이가 쉽지 않다고 했습니다.

"왜 내가 이런 고생을 해야 하는 걸까요? 이해가 안 돼요."

인생은 모든 것을 이해할 수 있는 것이 아닙니다. 이성으로 이해되지 않을 때 단순하게 하나님을 믿어야 합니다. 나는 어린아이와 같은 단순한 믿음으로 하나님을 믿고 의지했고 그 결과 모든 면에서 복을 받았습니다. 나는 한순간도 내 힘으로 살아갈 수 없다고 믿기 때문에 오직 '하나님의 은혜'를 믿고 의지합니다.

인생은 자기 힘으로 살아가는 것이 아닙니다. 하나님을 의지하며 믿음으로 살아야 합니다. 그러면 안 될 것 같지만 잘됩니다.

"너희가 일찍이 일어나고 늦게 누우며 수고의 떡을 먹음이 헛되도다. 그러므로 여호와께서 그의 사랑하시는 자에게는 잠을 주시는도다."(시 127:2)

하나님이 채우신다고 믿으라

당신은 하나님이 모든 것을 채우신다고 믿습니까?

나는 그동안 하나님이 모든 것을 채우신다고 완전히 믿었습니다. 어떤 역경이 있어도 "하나님이 다 채우신다"고 믿었습니다. 하지만 모든 사람이 나처럼 그렇게 단순하게 믿지는 않는 것 같습니다. 그들은 하루 종일 머리를 굴리며 계산합니다. 울상을 짓고 근심과 슬픔에 빠집니다. 당신은 하나님의 풍성한 공급하심을 믿습니까? 오늘부터 그분의 공급하심을 완전히 믿기 바랍니다.

하나님의 공급하심을 어떻게 믿어야 할까요?

사도 바울은 빌립보서 4장 19절을 통해 이것을 명확하게 가르쳤습니다. 나는 이 구절을 엄청 좋아하고 또 매일 중얼거립니다.

"나의 하나님이 그리스도 예수 안에서 영광 가운데 그 풍성한 대로 너희 모든 쓸 것을 채우시리라."(빌 4:19)

나의 하나님이

"나의 하나님이"란 말씀을 믿어야 합니다.

어떤 사람은 아브라함의 하나님, 이삭의 하나님, 야곱의 하나님, 모세의 하나님, 다윗의 하나님은 믿지만 그 하나님이 자기 하나님이심을 믿지 않습니다. 조지 뮐러의 하나님, 마더 테레사의 하나님을 믿지만 그 하나님이 자기 하나님이심을 믿지 않습니다. 성경에 나오는 하나님과 믿음의 거장들의 하나님이 지금 당신의 하나님이 되신다는 사실을 믿어야 합니다. 오늘부터 "성경에 나오는 하나님은 나의 하나님이다"라고 믿으십시오. 그러면 기적이 일어나기 시작합니다. 당신의 하나님은 지금 살아 계십니다.

그리스도 예수 안에서

"그리스도 예수 안에서"란 말씀을 믿어야 합니다.

'그리스도 예수 안에서'라는 말은 '구원자 예수 안에서'라는 뜻입니다. 예수 그리스도는 당신을 모든 죄와 저주, 가난에서 구원하신 하나님의 아들입니다. 다른 그 누구도 당신의 모든 죄와 저주, 가난을 대신 짊어지고 십자가에 매달려 죽은 사람이 없습니다. 오직 예수님 한 분뿐입니다. 당신이 아직 예수 그리스도를 구주로 영접하지 않았다면 지금 이 순간에 믿고 영접하십시오.

이렇게 마음으로 믿고 입으로 시인하면 됩니다.

"나를 위해 십자가에서 피 흘려 죽으시고 부활하신 예수님을 나의 구주로 믿습니다. 나를 구원해 주셔서 감사합니다. 아멘."

예수님은 단순히 당신의 영혼만 구원하시고 지옥에서 건져 천국에만 가게 하시는 분이 아닙니다. 그분은 당신의 모든 죄와 목마름, 병과 가난, 어리석음과 징계와 죽음을 다 짊어지셨습니다. 그러므로 당신이 예수님을 구주로 믿는 순간 의와 성령 충만, 건강과 부요함, 지혜와 평화와 생명을 얻게 되었습니다. 새로운 피조물이 되었습니다. 당신은 영원한 지옥에서 영원한 천국으로 옮겨졌고 하늘나라 시민권을 가졌습니다. 이 얼마나 놀라운 은혜입니까? 우주에서 가장 크고 귀한 은혜입니다.

영광 가운데

"영광 가운데"라는 말씀을 믿어야 합니다.

'영광 가운데'라는 말은 '기적을 일으켜서'라는 뜻입니다.

성경에 보면 하나님의 영광이 나타날 때마다 기적이 일어났습니다. 당신의 힘으로 능으로 도저히 해결할 수 없는 수많은 문제들에 대해 하나님이 영광 가운데 나타나셔서 기적적으로 하루 만에 다 해결해 주신다는 사실을 믿어야 합니다. 진짜로 기적이 일어납니다. 당신은 기적을 믿습니까? 왜 기적을 믿지 않습니까? 하나님은 기적의 하나님이십니다. 당신은 날마다 하나님의 기적이 필요합니다. 오늘부터 많은 기적이 일어날 것을 기대하십시오.

그 풍성한 대로

"그 풍성한 대로"라는 말씀을 믿어야 합니다.

많은 사람들이 자기 경험과 자기 생각으로 '그렇게 큰 것이 채워진다는 것은 말도 안 돼'라며 한계를 짓습니다. 하나님은 그렇게 작은 분이 아닙니다. 하나님은 모든 문제보다 억만 배나 크신 분입니다. 사람은 항상 작고 부족한 것만 생각하지만 하나님은 정말 크고 놀랍고 너그럽고 부요하고 풍성하신 분입니다.

당신은 모든 일에 효율을 따지지 않습니까?

효율을 따지지 말고 하나님이 주시는 럭셔리를 누리십시오.

하나님은 아담과 하와 둘 뿐인데 효율을 따지지 않고 그분의 풍성함으로 지구를 아주 넓게 창조하셨습니다. 인간의 풍성함은 작고 보잘 것 없지만 하나님의 풍성함은 크고 화려합니다. 인간의 풍성함은 경험에 근거한 것이지만 하나님의 풍성함은 창조적인 것입니다. 하나님은 그분의 풍성함으로 당신의 모든 쓸 것을 채우십니다. 그러므로 당신의 입을 넓게 여십시오.

"나는 너를 애굽땅에서 인도하여 낸 여호와 네 하나님이니 네 입을 넓게 열라 내가 채우리라 하였으나 내 백성이 내 소리를 듣지 아니하며 이스라엘이 나를 원치 아니하였도다. 그러므로 내가 그 마음의 강퍅한 대로 버려두어 그 임의대로 행케 하였도다."(시 81:10~12)

하나님을 향해 입을 넓게 열고 큰 것을 구하십시오.
그렇지 않으면 당신의 작은 생각을 따라 작은 계획을 세우며 작은 인생을 살아야 합니다. 궁상떨며 비참하게 살아야 합니다.
왜 하나님의 풍성함을 믿지 않습니까? 오늘부터 하나님의 풍성함대로 당신의 모든 쓸 것을 넘치게 채우신다는 것을 믿고 큰 것을 구하십시오. 크게 생각하고 크게 믿고 크게 계획하십시오.
하나님은 크신 분입니다.

너희 모든 쓸 것을

"너희 모든 쓸 것을"이라는 말씀을 믿어야 합니다.

어떤 사람들은 하나님의 능력과 지혜가 항상 부족하다고 생각합니다. '하나님도 내 문제는 해결하지 못하실 거야. 그 정도로 이건 큰 문제야'라며 많은 사람들이 하나님에 대해 오해합니다.

또 어떤 이는 '하나님이 나의 쓸 것을 한두 가지는 채우시지만 모든 쓸 것을 채우시지는 않아'라고 생각하고 말합니다. 그렇지 않습니다. 하나님은 '당신의 모든 쓸 것'뿐만 아니라 '너희의 모든 쓸 것'을 넘치게 채우시는 분이라고 했습니다.

하나님은 어린 아이의 도시락인 물고기 두 마리와 보리떡 다섯 개로 예수님의 배만 채우시지 않았습니다. 그곳에 모인 남자만 5천 명, 여자와 아이와 노인을 합치면 수만 명이 되었는데 그들의 모든 배를 채우셨습니다. 이 얼마나 부요하신 하나님입니까?

하나님은 당신의 월세를 한 달 치만 채우시는 것이 아니라 1년 치 10년 치를 채우십니다. 하나님은 당신의 할부금을 한 달 치만 채우시는 것이 아니라 1년 치 10년 치를 채우십니다. 하나님은 당신의 생활비를 한 달 치만 채우시는 것이 아니라 1년 치 10년 치를 채우십니다. 하나님은 당신의 학비를 한 학기만 채우시는 것이 아니라 1년 치 10년 치를 채우십니다. 하루 만에 다 주십니다.

"하루 만에 다 주신다고 믿어라."

예수님은 제자들에게 기도를 가르치실 때 "오늘날 우리에게 일용할 양식을 주옵시고"라고 하셨습니다. 여기에 보면 분명히 '나에게'가 아닌 '우리에게'라고 되었습니다. 이것은 하나님이 보실 때 전 세계 인구수인 74억 6천만 명의 모든 쓸 것을 말합니다.

중국 대통령이 볼 때는 자국민 14억 1500만 명, 인도 대통령이 볼 때는 자국민 13억 5400만 명, 미국 대통령이 볼 때는 자국민 3억 2600만 명입니다. 한국 대통령이 볼 때는 자국민 5181만 명 모두에게고 대기업 회장이 볼 때는 수만 명 직원 모두에게 입니다. 삼성전자는 직원 10만 명 모두에게고 현대차는 직원 68000명 모두에게 입니다. LG전자는 직원 37000명 모두에게고 기아차는 직원 34000명 모두에게 입니다. 이들 모두의 일용할 양식입니다.

이해되십니까? 하나님은 그 정도로 크신 분입니다.

하나님은 구하는 모든 사람에게 지혜와 자원을 주십니다. 어떻게든 그들의 필요를 채우십니다. 당신은 왜 구하지 않습니까?

"너희가 얻지 못함은 구하지 아니하기 때문이요."(약 4:2)

채우시리라

"채우시리라"는 말씀을 믿어야 합니다.

"하나님이 채우신다." 아주 단순합니다. 왜 당신은 이 말씀을 믿지 않습니까? 당신의 힘으로 모든 것을 해결해야 된다는 교만 때문입니다. 내가 인생을 살면서 깨달은 것은 내 힘으로 해결할 수 있는 것이 거의 없다는 것이었습니다. 모든 것은 하나님의 은혜였고 그분의 공급하심이었고 그분의 기적이었습니다.

나는 오늘도 단순하게 하나님을 믿습니다.

"하나님이 채우신다."

아무리 큰 문제가 생겨도 하나님이 책임지신다

당신은 하나님의 부르심에 대한 운명을 느낍니까?

나는 하나님이 부르신 '운명의 아들'입니다. 나는 20세에 하나님의 부르심에 응답했고 그분의 음성에 순종했습니다. 그날 이후로 나와 함께 계신 성령님은 내 인생을 강하게 이끄셨습니다.

내 삶은 날마다 하나님의 기적의 연속이었습니다.

엘리야가 사밧의 아들 엘리사를 만났을 때, 엘리사는 열두 겨리의 소를 앞세우고 밭을 갈고 있었습니다. 한 겨리는 두 마리입니다. 열두 겨리면 스물네 마리의 소인데 그 당시로는 굉장한 부자였다고 할 수 있습니다. 엘리사는 넓은 땅과 많은 소가 있었습니다. 무엇 하나 부족함이 없는 부요한 사람이었습니다.

그러나 하나님의 종 엘리야를 만나는 순간 엘리사는 '내가 하는 일보다 더 멋있고 더 신나고 더 가치 있는 일이 있구나! 그것은 하나님의 종으로 그분의 말씀을 선포하여 한 나라를 구원하고 한 세대를 주님께 드리는 것이구나!'라는 것을 깨닫게 되었습니다. 그는 엘리야를 만나자 가슴이 뜨겁게 불타올랐습니다.

엘리야가 엘리사의 곁으로 지나가면서 자기의 겉옷을 벗어 그에게 휙 던졌습니다. 그러자 엘리사는 모든 소를 버려두고 엘리야에게 달려와 이렇게 말했습니다. "선생님, 부모님에게 작별 인사를 드린 다음에 선생님을 따르겠습니다. 허락해 주세요."

엘리야가 대답했습니다.

"됐다. 돌아가라. 내가 네게 어떻게 행하였느냐?"

그러자 엘리사는 부모님에게 입 맞추는 것을 포기하고 그 자리에서 돌이켰습니다. 그리고 즉시 엄청난 일을 저질렀습니다. 소한 겨리를 취해서 그것을 그 자리에서 잡고 소의 기구를 전부 불태웠던 것입니다. 또한 고기를 삶아 백성들에게 나눠주고 즉시로 엘리야를 좇았습니다. 이것은 엘리사가 큰 결심을 했다는 것을 보여주고 있습니다. "다시는 이전의 삶으로 돌아가지 않겠다"는 믿음의 행위였습니다. 당신은 주님의 부르심에 어떻게 응답하고 있습니까? 무엇을 주저하고 있습니까? 담대하게 순종하십시오.

나도 그렇게 주님을 따랐습니다. 그 결과 내 인생은 망한 것이 아니라 오히려 백배, 천배의 복을 받았습니다. 무엇보다 귀한 것은 내가 하나님의 종이 되어 가장 가치 있는 삶을 살게 되었다는 것입니다. 또한 전국과 세계를 다니며 복음을 전하는 전도자가 되었다는 것입니다. 나는 성령의 능력으로 작가와 강연가, 사업가와 자산가의 길을 가며 수많은 영혼을 살리게 되었습니다.

내 힘으로는 꿈도 꿀 수 없었던 엄청난 일들이 일어났습니다.

당신도 지금 하나님의 부르심에 응답하십시오.

당신의 인생이 바뀔 것입니다.

"예수께서 가라사대 나를 따라 오너라 내가 너희로 사람을 낚는 어부가 되게 하리라 하시니."(막 1:17)

당신에게는 모든 꿈을 이룰 수 있는 힘이 있다

당신은 구체적으로 어떤 힘을 갖고 싶습니까?

사람마다 자신의 큰 꿈을 이루기 위해 초자연적인 힘을 갖고 싶어 합니다. 그래서 "하나님 저에게 능력을 주세요"라고 기도하는 사람들이 많은 것입니다. 힘이 있어야 태산 같은 문제를 움직이며 큰일을 해낼 수 있기 때문입니다. 힘이 있으면 내가 꿈꾸는 것을 이룰 수 있습니다. 도대체 어떻게 하면 그 힘을 얻을 수 있을까요? 사실 그 힘은 이미 당신 안에 들어와 있습니다.

사도행전 1장 8절에 "오직 성령이 너희에게 임하시면 너희가 권능을 받고……"라고 했는데 여기서 권능은 힘을 말합니다.

"예루살렘과 온 유대와 사마리아와 땅 끝까지 이르러 내 증인이 되리라"고 했습니다. 당신에게는 이미 예루살렘과 온 유대와 사마리아와 땅 끝까지 변화시킬 수 있는 큰 힘이 있습니다.

마틴 루터 킹 목사님이 "나에게는 꿈이 있다"고 말했는데 당신에게는 꿈만 있는 것이 아니라 그 꿈을 이룰 수 있는 힘까지 있다는 사실을 기억하고 이렇게 말해야 합니다. "나에게는 힘이 있다." 하늘과 땅의 모든 권세를 가지신 예수의 영 성령님께서 당신 안에 들어와 계시기 때문입니다. 그분이 오실 때 빈손으로 오신 것이 아니라 하늘의 모든 권능과 지혜를 다 가지고 오셨습니다.

마귀는 힘이 없습니다. 하지만 하나님의 자녀에게는 힘이 있습니다. 하늘과 땅의 모든 권세를 가지신 예수 그리스도가 들어와 계시므로 정사와 권세와 이 어두움의 세상 주관자들과 하늘에 있는 악의 영들과 맞붙어 싸워 이길 수 있는 힘이 있습니다. 모든 부정적인 세력과 맞서 싸울 수 있는 힘이 있습니다. 한 사람 한 사람에게 하늘로부터 내려온 힘이 있다는 사실을 알아야 합니다.

매일 습관을 따라 이렇게 믿고 중얼거리기 바랍니다.

"내게는 모든 꿈을 이룰 수 있는 힘과 지혜가 있다."

오늘날 수많은 그리스도인들이 자기에게 힘이 주어져 있다는 사실을 모르기 때문에 아무것도 하지 않고 주저앉아 있는 것입니다. 그러면서 늘 산에 올라가 소나무 뿌리 뽑는 힘만 키우고 있습니다. 그런 힘이 아닙니다. 우리 안에 있는 힘은 성령님께로부터 주어진 권능입니다. 기도하고 구한 것을 받았다고 믿고 움직여야 합니다. '믿고 행함'이 세상을 바꾸는 힘입니다.

모든 것은 '애걸함'이 아닌 '행함'으로 받는다

당신은 밤낮 애걸하고 있지 않습니까?

나는 애걸하지 않고 행합니다. 행할 때 기적이 일어납니다.

모든 것은 '애걸함'이 아닌 '행함'으로 받습니다.

행함이 없는 믿음은 죽은 믿음입니다.

"내 형제들아, 만일 사람이 믿음이 있노라 하고 '행함'이 없으면 무슨 유익이 있으리요. 그 믿음이 능히 자기를 구원하겠느냐? 만일 형제나 자매가 헐벗고 일용할 양식이 없는데 너희 중에 누구든지 그에게 이르되 평안히 가라 덥게 하라 배부르게 하라 하며 그 몸에 쓸 것을 주지 아니하면 무슨 유익이 있으리요. 이와 같이 행함이 없는 믿음은 그 자체가 죽은 것이라. 어떤 사람은 말하기를 너는 믿음이 있고 나는 행함이 있으니 행함이 없는 네 믿음을 내게 보이라. 나는 행함으로 내 믿음을 네게 보이리라 하리라. 네가 하나님은 한 분이신 줄을 믿느냐? 잘하는도다. 귀신들도 믿고 떠느니라. 아아 허탄한 사람아, 행함이 없는 믿음이 헛것인 줄을 알고자 하느냐? 우리 조상 아브라함이 그 아들 이삭을 제단에 바칠 때에 행함으로 의롭다 하심을 받은 것이 아니냐? 네가 보거니와 믿음이 그의 행함과 함께 일하고 행함으로 믿음이 온전하게 되었느니라. 이에 성경에 이른 바 아브라함이 하나님을 믿으니 이것을 의로 여기셨다는 말씀이 이루어졌고 그는 하나님의 벗이라 칭함을 받았나니 이로 보건대 사람이 행함으로 의롭다 하심을 받고 믿음으로만은 아니니라. 또 이와 같이 기생 라합이 사자들을 접대하여 다른 길로 나가게 할 때에 행함으로 의롭다 하심을 받은 것이 아니냐? 영혼 없는 몸이 죽은 것 같이 행함이 없는 믿음은 죽은 것이니라."(약 2:14~26)

나는 지금까지 모든 것을 애걸함이 아닌 행함으로 받았습니다.

이것은 율법을 행함으로 구원을 받는다는 말과는 다릅니다. 율법을 행함으로 구원을 받을 수 있는 사람은 세상에 단 한 명도 없습니다. 오직 예수 그리스도를 믿음으로 구원 받습니다.

여기서 야고보 사도가 말한 행함은 '역사하는 믿음'에 대한 것입니다. 기도하고 구한 것을 받았다고 믿고 행할 때 그것을 얻게 된다는 말입니다. 행함의 첫째는 무엇일까요? '말'입니다. 구원도 마음으로 믿고 입으로 시인할 때 받습니다. "마음으로 믿어 의에 이르고 입으로 시인하여 구원에 이른다"고 했기 때문입니다. 그렇습니다. 우리가 몸으로 행한다고 할 때 첫째로 행하는 몸의 지체는 입술의 혀입니다. 혀로 말하는 것부터가 행함의 시작입니다.

그 다음에는 '발을 움직여 행함'을 실천해야 합니다.

"나는 기도하고 구한 것을 받았다. 내 손에 모든 응답이 있다. 나는 하나님의 응답을 가졌다"고 마음으로 믿고 입으로 시인한 다음 발을 떼어 행동으로 옮겨야 합니다. 하지만 무턱대고 육체를 따라 조급한 마음으로 행동하면 안 됩니다. 어떻게 해야 할까요? 크고 작은 모든 일에 성령님께 물어야 합니다. 그리고 내면에서 들려오는 성령님의 세미한 음성을 따라 행동해야 합니다. 그러면 기도 응답의 기적이 나타납니다. 하늘이 열리고 땅이 갈라집니다.

당신은 어떤 꿈과 소원들을 갖고 있습니까?

한 번 기도하고 구한 것을 받았다고 믿고 행하십시오.

예수 믿고 구원 받기 위해, 결혼하고 자녀를 낳기 위해, 아파트와 땅과 빌딩을 사기 위해, 세계 여행을 하기 위해, 책을 쓰고 강연하기 위해, 세미나와 특강과 대형전도집회를 열기 위해 행동하십시오. "성령님, 어떻게 할까요?"라고 묻고 그분이 주시는 세미한 음성을 따라 행동하십시오. 그러면 기적이 나타납니다.

돈이 없다고요? 돈은 하나님이 하루 만에 다 주십니다. 일억도 주시고 십억도 주십니다. 백억도 주시고 천억도 주십니다.

돈을 주시면 움직이는 것이 아니라 움직이면 돈을 주십니다.

나는 하나님께 방 5칸짜리 집을 구했습니다. 그리고 애걸하고 또 애걸했습니다. 밤낮 애걸하는 나를 보고 아내가 말했습니다.

"애걸만 한다고 집이 생겨요? 나가서 알아봐야죠."

"맞아, 그런 집이 있는지 알아봐야겠어."

우리 부부는 그렇게 기도하고 구한 것을 받았다고 믿고 행했습니다. 동네 부동산을 돌아다니며 알아보았습니다. 은행에 가서 대출을 알아보았습니다. 주민센터에 가서 서류를 뗐습니다. 처음에는 집을 살 돈이 없었기 때문에 그런 곳에 가는 발걸음이 천근만근 무거웠고 그곳의 문턱은 너무 높게만 느껴졌습니다. 하지만 성령님과 함께 믿음으로 움직였을 때 기적이 일어났습니다.

나는 50원짜리 동전 하나를 주머니에 찔러 넣고 50억을 가진 사람처럼 행동했습니다. 부동산에서는 잠실에 방 5칸짜리 집은 찾기 어렵다고 했습니다. 나는 그런 집이 나오면 알려 달라고 연락처를 주었습니다. 그리고 3년 정도 지났을 때 한 부동산에서 연락이 왔습니다. "방 5칸짜리 집이 오늘 나왔어요."

우리는 그 집을 5억에 샀습니다. 하나님이 없는 돈을 있는 것처럼 불러내 우리 손에 안겨 주셨습니다. 그 당시만 해도 주위 사람들은 "지금 집을 사는 것은 미친 짓이다"라고 했습니다. 부동산 가격이 바닥을 칠 때였기 때문입니다. 우리는 사람들의 말을 듣지 않고 성령님의 음성을 들었습니다. 놀랍게도 그 집이 6년 후에는 10억이 되었습니다. 전철역 입구에 있는 멋진 빌라입니다.

그 집은 복덩이 집입니다. 그 집을 통해 하나님은 백배의 복을 주셨습니다. 그 집에 사는 사람마다 큰 복을 받았습니다.

당신에게 산을 옮길 만한 큰 믿음이 있습니다.

믿음의 사람이 움직이면 한 나라의 법을 바꿀 수도 있습니다.

나는 주님께서 함께 계시기 때문에 나 혼자서도 세상을 바꿀 수 있다고 믿습니다. 진정한 힘은 무엇일까요? 하늘과 땅의 모든 권세를 가지신 예수 그리스도의 영이 나와 함께 계심으로 인해 나타나는 지혜와 권능, 용기와 담력을 말합니다.

성령님은 실제로 내 안에 살아 계시며 초자연적인 권능으로 역사하십니다. 내 모든 기도에 응답하시고 도우십니다. 솔직히 나는 지금까지 내 힘으로 이룬 것이 하나도 없습니다. 모두 성령님의 나타남과 도우심의 결과입니다. 성령님은 나의 전부이십니다.

나는 아침에 일어나면 성령님께 이렇게 일곱 번 고백합니다.

"성령님, 사랑합니다. 사랑합니다. 사랑합니다. 사랑합니다. 사랑합니다. 사랑합니다. 성령님, 많이 사랑합니다."

성령님이 당신의 힘입니다. 당신 안에 힘이 가득합니다.

하지만 힘이 있어도 있다는 사실을 아는 사람과 모르는 사람은 엄청난 차이가 있습니다. 하나님의 자녀인 당신에게는 모든 꿈을 이루고 온 세상을 복음화하고도 남을 만큼의 큰 힘이 있다는 사실을 알고 믿음으로 행동해야 합니다. 마귀를 대적하고 죄와 목마름과 병과 가난과 어리석음을 극복할 큰 힘이 있습니다.

"그렇다면 무엇이든지 내 마음대로 다 할 수 있겠네요."

성령님이 당신의 주인님이십니다. 그러므로 순간마다 성령님의 인도하심을 받아야 합니다. 모든 일에 성령님을 인정하십시오.

"너는 범사에 그를 인정하라. 그리하면 네 길을 지도하시리라. 스스로 지혜롭게 여기지 말지어다. 여호와를 경외하며 악을 떠날지어다."(잠 3:6~7)

당신에게 주신 원자폭탄 같은 힘을 남용하지 말고 성령님의 인도하심을 따라 지혜롭고 적절하게 잘 사용해야 합니다.

마귀는 예수님께 힘을 남용하도록 "네가 하나님의 아들이면 이 돌로 떡을 만들어라"고 말했습니다. 원래 주어진 사명과 목적 외의 일에 그 힘을 사용하라는 것이었습니다. 그는 "성전 꼭대기에서 뛰어내려 봐라. 천사가 너를 받쳐 줄 것이다"라고 했지만 예수님은 사탄의 말을 듣지 않으셨습니다. 사탄의 말을 들을 필요가 없었기 때문입니다. 우리는 하나님만 경외하고 섬겨야 합니다.

하나님께서는 내게 믿음의 은사를 주셨습니다. 믿음의 은사는 내가 원하는 것을 모두 얻을 수 있는 귀한 은사입니다. 그것은 내가 생각하고 구하는 것마다 쉽게 응답 받을 수 있는 큰 믿음이며, 내가 성령 안에서 꿈꾸는 것을 다 이룰 수 있는 큰 믿음입니다.

내게는 모든 민족들에게 복음을 전하므로 그들을 변화시킬 수 있는 힘이 있는데 그것은 곧 성령의 권능입니다. 또한 내가 원하는 넓은 땅과 높은 빌딩을 얻을 수 있는 힘이고 수많은 사람들을 한군데 모아 하나님의 일꾼으로 세울 수 있는 힘입니다.

내게는 수백만 명을 모아 전도 집회를 열고 한 번의 설교를 통해 백만 명 이상의 영혼을 주님께로 인도할 수 있는 힘이 있습니다. 그들에게 강력하게 말씀을 선포하므로 그들이 하나님께 굴복하게 할 수 있는 힘이 있습니다. "오직 성령이 너희에게 임하시면 너희가 권능을 받고"라는 말씀과 같이 이미 내게 성령이 임하셨고 그분이 날마다 큰 권능으로 나를 통해 일하고 계십니다.

당신도 마찬가지입니다. 꿈꾸고 소원하는 것을 실상으로 나타낼 수 있는 힘이 당신 안에 이미 가득히 들어와 있다는 사실을 인정하고 믿어야 합니다. 나는 가슴이 설레 잠이 안 올 정도입니다.

"맞아, 이미 내게 힘이 있었어. 나는 그동안 힘이 없는 줄 알고 힘을 만들고 키우려고 노력했었어. 온갖 프로그램과 고행을 시도하고 골방에 쪼그리고 앉아 날마다 애걸했었어. 그러나 그것이 아니었어. 하나님이 선물로 이미 내게 큰 힘을 주셨어."

복음에 대한 깨달음이 내 인생을 바꾸었습니다. 나는 인간적인 노력으로 힘을 얻고 키우려고 하는 모든 율법주의 행위를 불태워 버렸습니다. 지금 나는 믿음으로 말미암아 늘 성령 충만한 삶을 살고 있고 의와 평강과 희락이 강물처럼 넘치고 있습니다. 사랑과 희락과 화평과 온유와 오래 참음과 절제와 자비와 양선과 충성이 흘러넘치고 있습니다. 믿음의 은사, 병 고치는 은사, 능력 행함의 은사, 방언의 은사, 통역의 은사, 신유의 은사, 예언의 은사 등이 흘러넘치고 있습니다. 그래서 나는 한없이 행복합니다.

나는 모든 것에 모든 것이 넉넉합니다. 생각만 해도 주님께서 넘치도록 풍성한 공급을 해주기 때문입니다. 하나님은 내가 하는 일마다 형통하게 하시고 마음으로 생각만 해도 응답해 주십니다.

세상에서 가장 큰 매력은 예수 이름이다

　당신은 사람들을 끌어 모으기 위해 어떤 계획을 세웁니까?

　어떤 교회는 연예인을 초청해서 사람들을 모으려고 합니다. 연예인보다 더 카리스마적인 분이 있습니다. 바로 예수님이십니다.

　교회는 연예인의 이름을 내걸고 사람들을 모으는 곳이 아닙니다. 예수 이름을 내걸고 사람들을 모으는 곳입니다. 연예인에 대한 소문이 아닌 예수 이름에 대한 소문이 나야 합니다. 예수님이 회당에서 귀신을 쫓아내자 순식간에 소문이 퍼졌습니다.

　무슨 소문일까요? 예수에 대한 소문이었습니다.

　"마침 그들의 회당에 더러운 귀신 들린 사람이 있어 소리 질러 이르되 '나사렛 예수여, 우리가 당신과 무슨 상관이 있나이까? 우리를 멸하러 왔나이까? 나는 당신이 누구인 줄 아노니 하나님의 거룩한 자니이다' 예수께서 꾸짖어 이르시되 '잠잠하고 그 사람에게서 나오라' 하시니 더러운 귀신이 그 사람에게 경련을 일으키고 큰 소리를 지르며 나오는지라. 다 놀라 서로 물어 이르되 '이는 어찜이냐? 권위 있는 새 교훈이로다. 더러운 귀신들에게 명한즉 순종하는도다' 하더라."(막 1:23~27)

　"예수의 소문이 곧 온 갈릴리 사방에 퍼지더라."(막 1:28)

　오늘날 교회는 예수님처럼 귀신을 쫓아내야 합니다.

예수님에게 모든 사람을 끌어당기는 매력이 있습니다.

예수님께서 "내가 높이 들리면 모든 사람을 내게로 이끌겠노라"(요 12:32)고 하셨는데 여기서 모든 사람을 이끈다는 것은 카리스마 곧 매력을 말합니다. 예수님이 높이 들려 십자가에 매달리시고 부활하신 후 하늘로 높이 들리셨습니다. 그리고 지금 우리 안에 영으로 들어와 계시며 우리를 통해 일하고 계십니다.

우리는 그 예수 그리스도의 능력으로 말미암아 세상을 구원하고 교회 안으로 끌어당길 수 있는 카리스마를 갖고 있습니다.

당신의 교회는 무엇을 계획하고 있습니까?

예수님은 교회들에게 최고 최상의 계획을 세우라고 명령하셨습니다. 그것이 무엇일까요? 복음을 전파하고 귀신을 쫓고 병을 고치는 것입니다.

"또 이르시되 너희는 온 천하에 다니며 만민에게 복음을 전파하라. 믿고 세례를 받는 사람은 구원을 얻을 것이요 믿지 않는 사람은 정죄를 받으리라. 믿는 자들에게는 이런 표적이 따르리니 곧 그들이 내 이름으로 귀신을 쫓아내며 새 방언을 말하며 뱀을 집어올리며 무슨 독을 마실지라도 해를 받지 아니하며 병든 사람에게 손을 얹은즉 나으리라 하시더라. 주 예수께서 말씀을 마치신 후에 하늘로 올려지사 하나님 우편에 앉으시니라. 제자들이 나가 두루 전파할새 주께서 함께 역사하사 그 따르는 표적으로 말씀을 확실히 증언하시니라."(막 16:15~20)

당신이 예수를 구주로 믿고 영접한 순간 당신에게 성령님이 원자폭탄 같은 큰 권능을 가지고 오셨습니다. 그렇다면 더 이상 애걸하거나 구걸하는 기도를 하지 말고 왕처럼 행동해야 합니다.

'믿음'에서 머물지 말고 한걸음 더 나아가 '행함'을 보여야 합니다. 어떤 행함일까요? 아홉 가지입니다.

첫째, 온 천하에 다녀야 합니다.
둘째, 만민에게 복음을 전파해야 합니다.
셋째, 예수 이름으로 세례를 주어야 합니다.
넷째, 예수 이름으로 귀신을 쫓아내야 합니다.
다섯째, 예수 이름으로 새 방언을 말해야 합니다.
여섯째, 예수 이름으로 뱀을 집어 올려야 합니다.
일곱째, 예수 이름으로 독을 마셔도 해를 받지 않아야 합니다.
여덟째, 예수 이름으로 병든 사람에게 손을 얹어야 합니다.
아홉째, 가만있지 말고 밖에 나가서 두루 전파해야 합니다.

가만히 앉아서 믿기만 한다고 세상이 바뀌는 것이 아닙니다.
"제자들이 나가서 두루 전파할새"라는 말씀처럼 믿고 행함으로 영혼을 얻게 됩니다. '믿고 행함'이 영혼을 얻는 비결입니다.
당신이 기도하고 구한 것을 받았다고 믿으십시오.
그리고 가만히 앉아 있지 말고 나가서 복음을 전하십시오.
당신이 행할 때 성령의 나타남이 있을 것입니다.

하루 만에 다 주신다는 음성을 믿어라

당신은 어떤 목소리를 가장 크게 여깁니까?

나는 사람들의 목소리가 아닌 하나님의 목소리를 가장 크게 여깁니다. 사람들은 현상을 보고 칭찬과 비난을 하지만 하나님은 그런 것과 상관없이 오직 그분의 음성을 믿으라고 말씀하십니다.

하나님의 음성을 크게 여기는 자가 존귀한 자입니다.

이스라엘의 초대 왕인 사울은 하나님의 목소리보다 백성들의 환호성과 비난하는 목소리를 더 크게 여겼기 때문에 하나님께 버림받았습니다. 그러나 다윗은 주위 사람들의 목소리보다 자기와 함께 계신 하나님의 목소리를 더 크게 여겼습니다. 그는 순간마다 하나님께 묻고 그분의 음성에 귀 기울였습니다.

다윗은 하나님의 목소리를 가장 크게 여기며 순종했기 때문에 하나님의 마음에 합한 자가 되었습니다. 당신도 모든 일에 사람이 아닌 하나님께 묻고 그분의 음성에 순종하기 바랍니다.

사람들의 환호성이나 비난하는 말을 듣고 요동하지 마십시오.

그들은 하나님이 훅 불면 다 날아가는 먼지와 같습니다.

어떤 고난과 환난이 닥치더라도 하나님은 여전히 당신과 함께 계시며 당신을 도우십니다. 그분은 분명히 그렇게 약속하셨고 그 약속을 틀림없이 지키고 계십니다.

"두려워 마라. 내가 너와 함께 함이니라. 놀라지 마라. 나는 네 하나님이 됨이니라. 내가 너를 굳세게 하리라. 참으로 너를 도와주

리라. 참으로 나의 의로운 오른손으로 너를 붙들리라."(사 41:10)

많은 사람들이 두려워하고 놀라고 있습니다.

왜 하나님이 당신에게 두렵고 놀라운 일들을 허락하시는 걸까요? 처음부터 그런 일이 전혀 생기지 않도록 완전히 막아 주시면 얼마나 좋을까요? 하나님이 당신에게 고난 곧 고통스러운 어려움을 허락하시는 이유는 그것으로 당신을 연단하여 하나님이 쓰시기에 합당한 귀한 그릇으로 만들기 위함입니다.

당신은 고난을 통해 하나님의 언약을 붙들게 됩니다.

"고난당하기 전에는 내가 그릇 행하였더니
이제는 주의 말씀을 지키나이다."(시 119:67)

고난이 와도 마음에 평안을 잃지 마십시오.
당신 안에 계신 크신 예수님만 계속 바라보십시오.

"자녀들아, 너희는 하나님께 속하였고 또 그들을 이기었나니 이는 너희 안에 계신 이가 세상에 있는 자보다 크심이라."(요일 4:4)

나는 길을 걸으며 내 안에 계신 예수님을 찬미합니다.

"사랑하는 나의 예수님, 예수님은 세상에 있는 자보다 억만 배나 크신 분입니다. 세상에 있는 사탄과 귀신들보다 억만 배나 크신 분입니다. 세상에 있는 대통령과 정치가들보다 억만 배나 크신 분입니다. 세상에 있는 대기업 회장과 연예인들보다 억만 배나 크신 분입니다. 세상에 있는 적그리스도와 이단들보다 억만 배나 크신 분입니다. 그들은 내 영혼을 구원하지 못했고 한 영혼도 구원하지 못했습니다. 예수님은 내 영혼을 구원하신 분이고 수많은 영혼을 구원하셨습니다. 내 안에 실제로 살아 계신 크신 예수님은 내가 겪는 어떤 돈 문제와 사람 문제보다 억만 배나 크신 분입니다. 예수님은 하늘과 땅의 모든 권세를 가지신 분이고 모든 민족들의 주인이십니다. 그분은 온 우주에서 가장 크신 분입니다."

당신도 이 내용을 암송하고 가슴 깊이 새기기 바랍니다.
이사야 40장 15절에 '크신 주님'에 대해 잘 설명하고 있습니다.

"여호와에게는 세상 나라들이 통 안에 있는 한 방울의 물과 같고 저울 위에 놓인 적은 티끌 같아서 섬들을 먼지처럼 들어올리신다."

예수님의 이름은 세상에서 가장 아름다운 이름입니다.
나는 어떤 고난이 닥쳐와도 오직 내 안에 살아 계신 크신 예수님만 바라봅니다. 그분은 비바람보다 풍랑과 폭풍보다 크신 분입니다. 그분을 바라보기 때문에 내 마음에 평안이 가득합니다.
당신도 "예수님, 예수님" 하고 그분의 이름을 부르기 바랍니다.
자나 깨나 오직 당신 안에 실제로 살아 계신 크신 예수님만 바라보십시오. 세상 모든 것은 모두 티끌과 먼지처럼 작습니다.

하나님은 당신이 구한 모든 것을 하루 만에 다 주십니다.
기도하고 구한 것은 받은 줄로 믿고 행하십시오.
그러면 그대로 될 것입니다.

하루 만에 다 주신다는 음성을 믿어라

배우자 선택이 평생을 좌우한다

당신은 순간마다 지혜로운 선택을 하고 있습니까?

나는 지혜로운 선택을 하기 위해 많은 고민을 했고 순간마다 성령님을 의지했습니다. 어릴 때부터 책을 달달 외워 전교 일등 하고 서울대학교를 수석 입학 졸업하고 대기업에 취직하는 것보다 더 중요한 것이 있는데 그것은 곧 '배우자를 선택하는 것'입니다. 배우자는 반드시 하나님을 경외하는 사람이어야 합니다.

어느 날 아이들과 이성 교제에 대한 이야기를 했습니다.

"엄마, 왜 꼭 믿는 자와 결혼해야 해요?"

"믿지 않는 자와 결혼해도 행복하게 살 수 있지 않나요?"

한 아이가 호기심을 갖고 물었습니다. 나는 어떻게 대답해 주어야 할지 속으로 성령님께 지혜를 달라고 도움을 구했습니다.

"사람에게 가장 중요한 것이 무엇이라고 생각하니?"

"글쎄요. 마음 아니면 영혼 아닐까요?"

"맞아, 영혼이 가장 중요해. 이 세상 모든 사람은 죄로 인해 영혼이 죽어 있단다. 지금도 예수님을 믿지 않는 사람은 사실상 그 영혼이 죽은 상태로 있단다. 우리는 예수님을 영접하는 순간 하나님의 영이 우리 속에 들어오심으로 산 영이 되었지. 영혼이 살아 있는 사람과 영혼이 죽은 사람은 근본적으로 다르단다. 눈에 보이는 것이 전부가 아니야. 몸은 마음의 지배를 받고 마음은 영의 지배를 받아. 그러면 무엇이 가장 중요할까?"

"영혼이네요."

"그래. 눈에 보이는 몸보다 영혼이 가장 중요해. 그러므로 하나님은 절대로 믿지 않는 자와 멍에를 매지 말라고 말씀하셨어. 영혼이 죽은 사람과 결혼하면 평생 불행하게 살 수 밖에 없어."

"아, 맞아요. 이제 깨달았어요."

당신은 영혼이 무엇보다 중요하다는 것을 알고 있습니까?

억만금의 돈보다, 명예와 권력보다, 땅과 빌딩과 아파트보다 영혼은 중요합니다. 잘생긴 외모와 집안보다 영혼이 중요합니다.

그러므로 우리는 영혼이 늘 건강하기 위해 항상 주의 말씀을 묵상하고 주님과 인격적인 교제를 나누어야 합니다. 또한 어떤 선택을 할 때마다 주의 뜻이 무엇인지 분별할 수 있게 해 달라고 기도해야 합니다. 악한 영들은 성령으로 거듭난 당신의 영혼을 어떻게 할 수 없으므로 당신의 마음을 흔듭니다. 당신의 감각을 자극해 하나님의 자녀로서의 거룩한 삶을 살지 못하게 합니다.

마귀는 하나님의 자녀인 당신을 실패와 고통으로 괴롭히려고 늘 틈을 노리고 있습니다. 그러므로 기도하고 말씀을 들음으로 믿음을 강하게 하여 마귀를 대적해야 합니다. 순간마다 자신을 점검하고 세상의 것들이 당신 안에 스며들지 못하게 해야 합니다.

몇 번 흔들린 적이 있었던 사도 베드로는 이렇게 권면합니다.

"너희 염려를 다 주께 맡기라. 이는 그가 너희를 돌보심이라. 근신하라. 깨어라. 너희 대적 마귀가 우는 사자 같이 두루 다니며 삼킬 자를 찾나니 너희는 믿음을 굳건하게 하여 그를 대적하라. 이는 세상에 있는 너희 형제들도 동일한 고난을 당하는 줄을 앎이라. 모든 은혜의 하나님 곧 그리스도 안에서 너희를 부르사 자기의 영원한 영광에 들어가게 하신 이가 잠깐 고난을 당한 너희를 친히 온전하게 하시며 굳건하게 하시며 강하게 하시며 터를 견고하게 하시리라."(벧전 5:7~10)

첫째, 염려를 다 주님께 맡겨야 합니다. 하나에서 열까지 모두 주님께서 실제로 당신을 돌보고 계시기 때문입니다.

둘째, 항상 깨어 있어야 합니다. 항상 깨어 있다는 것은 항상 예수님을 바라본다는 것입니다. 크신 예수님을 바라보십시오.

셋째, 당신의 대적인 마귀를 대적해야 합니다. 마귀는 우는 사자가 아닙니다. 우는 사자 같은 가짜 사자입니다. 진짜 사자는 유대 지파의 사자이신 예수 그리스도입니다. 마귀는 예수님의 죽으심과 부활을 통해 모든 정사와 권세가 벗겨진 무장 해제 당한 사자입니다. 그러므로 "마귀를 대적하라. 그러면 너희를 피할 것이다"(약 4:7)라고 했습니다. 마귀는 당신을 무서워하고 있습니다.

마귀를 무서워하지 말고 예수 이름으로 대적하십시오.

"예수 이름으로 명하노니 마귀야, 물러가라."

넷째, 고난을 통해 당신이 강해진다는 것을 기억하십시오.

하나님이 당신에게 적수를 붙이신 것은 당신을 강하게 하기 위함입니다. 그러므로 잠깐 당하는 고난 때문에 낙심하지 말고 믿음에 굳게 서십시오. 욥에게 그랬던 것처럼 모든 고난은 결국 다 지나갑니다. 그 후엔 하나님이 하루 만에 모든 복을 쏟아 부어 주십니다. 그것도 조금 주시지 않고 갑절의 복을 주십니다.

"욥이 그의 친구들을 위하여 기도할 때 여호와께서 욥의 곤경을 돌이키시고 여호와께서 욥에게 이전 모든 소유보다 갑절이나 주신지라."(욥 42:10)

마음속으로 성령님께 자꾸 물어라

당신은 어떤 것을 선택할 때마다 성령님께 묻고 있습니까?

나는 성령님께 묻고 또 묻습니다. 어떻게 물을까요? 입으로 중얼거리며 묻는 것이 아니라 마음속으로 묻습니다. 왜 마음속으로 물을까요? 내 마음을 읽으시는 분은 오직 하나님뿐이기 때문입니다. 영적인 세계에서도 정보를 노출하지 않도록 조심해야 합니다.

성령님의 음성을 듣는 비결은 무엇일까요?

성령님께서는 각 사람마다 다양하게 말씀하십니다. 어떤 사람은 분명한 목소리로 말씀하시지만 어떤 경우에는 감동을 주시기도 하며 또 성경 말씀을 떠올려 주시기도 합니다. 때로는 어떤 단어나 생각을 주시기도 합니다. 그분은 한 가지 방법으로 말씀하시지 않고 사람마다 다양한 방법으로 말씀하십니다.

성령님은 전지전능하신 하나님이시므로 당신이 마음 속 생각으로 말씀드리는 것도 정확하게 들으시고 그분의 음성을 들려주십니다. 하지만 사탄은 전지하지 못하기 때문에 당신이 소리 내어 말하지 않으면 결코 당신의 마음 속 생각을 다 알 수 없습니다.

성경에는 다윗이 '마음으로 기도했다'는 내용이 나옵니다.

"너희는 내 얼굴을 찾으라 하실 때에 내가 마음으로 주께 말하되 여호와여 내가 주의 얼굴을 찾으리이다 하였나이다."(시 27:8)

너무 많은 정보를 소리 내어 말하지 마십시오.

사탄은 끊임없이 하나님의 자녀인 당신에게 다가와 당신을 넘어뜨릴 틈을 노립니다. 예수님처럼 사탄을 대적하십시오.

"이에 예수께서 말씀하시되 사탄아 물러가라 기록되었으되 주 너의 하나님께 경배하고 다만 그를 섬기라 하였느니라."(마 4:10)

당신의 입으로 무엇을 말하느냐는 너무나도 중요합니다.

힘들고 어려운 일로 당신의 마음이 고통을 겪고 있을지라도 항상 믿음의 말만 해야 합니다. 입술로 죄를 짓지 말아야 합니다.

욥은 한순간에 모든 재산과 건강을 잃고 큰 고통을 겪었지만 결코 그의 아내처럼 원망하며 입술로 범죄하지 않았습니다.

"그가 이르되 그대의 말이 한 어리석은 여자의 말 같도다. 우리가 하나님께 복을 받았은즉 화도 받지 아니하겠느냐 하고 이 모든 일에 욥이 입술로 범죄하지 아니하니라."(욥 2:10)

하나님의 약속이 더디 이루어질 때 당신의 마음에서 부정적인 생각이 떠오르는 것은 어쩔 수 없습니다. 하지만 당신의 입술에 재갈을 물리고 말을 지켜야 합니다. 인생이 당신의 계획대로 다 되지는 않지만 당신의 말대로 다 되기 때문입니다.

"그들 가운데 어떤 사람들이 원망하다가 멸망시키는 자에게 멸망하였나니 너희는 그들과 같이 원망하지 말라."(고전 10:10)

욥처럼 원망하는 습관이 아닌 감사하는 습관을 가지십시오.

어떤 경우에도 하나님을 경외하고 찬양하는 말을 하십시오.

당신이 말하는 것을 하나님이 다 듣고 계신다는 것을 잊지 마십시오. 조바심을 갖지 말고 염려하거나 근심하지 마십시오.

당신이 입술로 부정적인 말이나 저주의 말을 내뱉으면 사탄도 그 말을 듣고 당신을 속박하며 어려운 상황들을 만들 것입니다.

성령님께 물을 때도 마음속으로 물어보십시오.

그렇다면 언제 입술을 열어 말해야 할까요? 하나님의 응답이 당신의 눈앞에 펼쳐졌을 때입니다. 그때는 하나님이 이루어 주신 놀라운 은혜를 큰소리로 찬양하며 감사의 고백을 해야 합니다.

사탄과 악한 영들을 향해서는 소리 내어 예수 이름으로 명령을 내리십시오. 그들은 전지하지 못하므로 당신이 마음속으로 명령하면 알아듣지 못합니다. 하나님은 사탄과 악한 영을 다스리는 권세를 그분의 자녀인 당신에게 위임해 주셨습니다.

"내가 너희에게 뱀과 전갈을 밟으며 원수의 모든 능력을 제어할 권능을 주었으니 너희를 해칠 자가 결코 없으리라."(눅 10:19)

당신은 모든 일에 있어 오직 믿음의 말만 해야 합니다.

말의 결과가 얼마나 중요한지 안다면 함부로 말을 내뱉지 않을 것입니다. 사람들은 말이 눈에 보이지 않고 순간 지나가 버리니까 아무 생각 없이 자기감정에 따라 툭툭 쉽게 내뱉습니다.

특히 당신의 자녀에 대한 말을 조심해야 합니다.

주변 사람이나 친척에게 또는 가족끼리도 자녀에 대한 부정적인 말은 하지 말아야 합니다. 자녀들을 놀리거나 비하하는 표현도 쓰면 안 됩니다. 비교하거나 무시하는 말도 하면 안 됩니다.

이런 말들은 모두 하나님이 들으시고 마음 아파하실 뿐 아니라 사탄도 듣고 있습니다. 사탄은 말에서 틈이 나면 공격합니다.

당신은 지금 어떤 시험을 당하고 있습니까? 아무리 혹독한 시험을 겪고 있다 할지라도 입술을 지키고 믿음의 말만 하십시오.

하나님 아버지는 우리가 시험 당할 즈음에 피할 길을 내시고 우리를 위경에서 지키고 보호해 주십니다. 시험 당할 때 원망하는 말과 부정적인 말을 하지 마십시오. 하나님은 "너희 입의 말대로 내가 행하겠다"고 말씀하셨습니다. 그러므로 오직 믿음의 말만 하십시오. 당신이 진정으로 바라는 것만 말하십시오. 당신이 입에 재갈을 물리고 믿음이 아니면 입을 굳게 다무십시오.

"그들에게 이르기를 여호와의 말씀에 내 삶을 두고 맹세하노라. 너희 말이 내 귀에 들린 대로 내가 너희에게 행하리니."(민 14:28)

새로운 환경에 믿음으로 적응하라

당신은 지금 어떤 환경에 처하고 있습니까?

낯설고 처음 겪는 일은 항상 마음을 불안하게 하고 때로는 몸을 이리저리 뒤척이며 잠을 설치게 만들기도 합니다. 하지만 그런 상황이 반복되면 익숙해지고 자연스럽게 받아들이게 됩니다.

이것은 거창한 일을 겪을 때만 아니라 일상의 소소한 일을 만날 때도 마찬가지입니다. 그럴 때 우리는 어떻게 해야 그 낯선 일을 큰 저항 없이 받아들이고 스트레스를 덜 받을 수 있을까요?

지금 부딪히는 현상 자체만 보지 말고 더 좋은 결과를 상상하며 바라보십시오. 그러면 마음에 위안을 얻을 수 있습니다. 문제 자체만 생각하면 그 속에 빠져 허우적거리게 됩니다. 거기서 빠져나와 조금 떨어져 객관적으로 그 문제를 보십시오. 그러면 그 문제가 생각보다 작고 별 거 아닌 것처럼 여겨질 것입니다.

산을 가까이서 보면 크게 느껴지지만 멀리서 보면 작게 느껴지는 것과 같습니다. 산 같이 크다고 느껴지는 그 문제에서 눈을 떼고 그 산과 당신 사이에 실제로 계신 크신 하나님을 바라보십시오. 그리고 크신 하나님과 함께 그분의 시야로 다시 산을 바라보십시오. 그 산이 떠오르는 먼지처럼 작게 느껴질 것입니다.

이제 믿음으로 그 산을 향해 움직이라고 명령하십시오.

"예수께서 그들에게 대답하여 이르시되 하나님을 믿으라. 내가 진실로 너희에게 이르노니 누구든지 이 산더러 들리어 바다에 던져지라 하며 그 말하는 것이 이루어질 줄 믿고 마음에 의심하지 아니하면 그대로 되리라. 그러므로 내가 너희에게 말하노니 무엇이든지 기도하고 구하는 것은 받은 줄로 믿으라. 그리하면 너희에게 그대로 되리라."(막 11:22~24)

예수님은 분명히 그 문제의 산더러 "들리어 바다에 던져지라"고 말하고 마음에 의심하지 않으면 그대로 된다고 하셨습니다.

한 번 기도하고 구한 것은 시간과 공간을 초월해서 성령 안에서 이미 받았다고 믿고 감사하십시오. 그러면 그대로 됩니다.

그리고 그 일을 잘 대처해 나가는 자신을 격려해 주십시오.

"나는 잘하고 있어. 이 문제도 다 지나갈 거야."

모든 문제는 크신 예수님의 손바닥에 있습니다. 그러므로 오직 믿음의 주요 또 온전케 하시는 이인 예수님만 바라보십시오.

"믿음의 주요 또 온전하게 하시는 이인 예수를 바라보자. 그는 그 앞에 있는 기쁨을 위하여 십자가를 참으사 부끄러움을 개의치 아니하시더니 하나님 보좌 우편에 앉으셨느니라."(히 12:2)

문제는 잠깐이고 예수님은 영원하신 분입니다.

그러므로 문제를 바라보지 말고 예수님을 바라보십시오.

누구나 인생을 살면서 아무런 문제없이 평안하게만 살고 싶을 것입니다. 그러나 현실은 매순간 드라마틱한 상황이 펼쳐집니다.

사람이 살다 보면 여러 가지 다양한 일을 만나게 됩니다.

어떤 일은 즐겁고 행복하게 다가오지만 때로는 상당히 고통스럽고 괴롭게 다가오기도 합니다. 그러나 이 모든 것은 지나갑니다. 계속 머물러 있는 것은 하나도 없습니다. 어떤 형태로든 해결되거나 사라집니다. 그런 일을 겪으면서 행복한 순간으로 기억에 남기도 하겠지만 어떤 사건은 큰 상처로 남기도 합니다. 어떻게 받아들이느냐에 따라 누군가에게는 큰 상처 덩어리가 되고 누군가에겐 아무 일도 아닌 것처럼 가벼운 일로 지나갑니다.

인생에 문제가 일어나지 않을 수는 없습니다.

다양한 사람들과 섞여 살면서 크고 작은 문제가 생기는 것은 당연합니다. 그 문제를 대하는 태도가 중요합니다. 어떤 문제가 생기면 일단 그것을 인정하고 자연스럽게 받아 들여야 합니다.

"내 인생에 왜 이런 일이 생겼지?"

"아, 귀찮고 번거롭고 괴롭다."

"어휴, 너무 힘들어. 내 마음이 지치는 것 같아."

이런 부정적인 태도를 갖는다면 그 문제가 해결될 때까지 불행한 상태가 될 것입니다. 긍정적인 태도를 가져야 합니다.

"어떻게든 잘 해결되겠지."

"성령님, 잘 해결되게 도와주세요."

하나님을 사랑하는 자 곧 그 뜻대로 부르심을 입은 자들에게는 모든 것이 협력하여 선을 이룬다고 했으므로 그 문제는 어차피 잘 해결될 것입니다. 믿음으로 긍정적인 반응만 하십시오. 그러면 상황이 종결될 때까지 당신의 마음이 불행하지 않을 것입니다.

"아무 것도 염려하지 말고 다만 모든 일에 기도와 간구로, 너희 구할 것을 감사함으로 하나님께 아뢰라. 그리하면 모든 지각에 뛰어난 하나님의 평강이 그리스도 예수 안에서 너희 마음과 생각을 지키시리라."(빌 4:6~7)

매사에 심각해지지 말고 환하게 웃어라

당신은 작은 일에도 심각해지지 않습니까?

오늘 아침에 남편이 설거지를 하고 좀 닳은 밥주걱 하나를 가지고 와서는 "이거 버리면 되죠?"라고 하는 거였습니다. 나도 모르게 "안돼요, 왜 그걸 버려요?"라며 정색을 했습니다. 남편 얼굴이 살짝 찡그러졌습니다. 순간 아차 싶어 자세히 설명했습니다.

"지난번에 버리면 좋겠다고 한 플라스틱 주걱은 며칠 전에 재활용 통에 내놓았어요. 지금 그건 나무 주걱이라 잘 씻겨요."

"아, 그래? 내가 착각했네. 알았어요."

우리 두 사람은 매사에 진지한 사람이라 의도와 다르게 작은 일도 심각하게 표현하고 반응하는 편이라는 생각이 들었습니다.

나는 분위기가 썰렁해지면 남편에게 이렇게 말하곤 합니다.

"열방 씨, 우리 쓸데없이 둘 다 진지한 것 같아. 별거 아닌 걸로 서로 심각해지잖아. 앞으로는 장난을 좀 많이 쳐야겠어요."

나는 평소에 밝게 웃는 편이지만 문제를 해결하기 위해 생각에 빠지면 나도 모르게 진지해집니다. 나도 농담을 잘 못하고 남편도 그런 편이어서 가끔은 답답할 때가 있습니다. 그래도 많은 대화를 통해 서로 이해하니까 그런 분위기가 잘 해결되는 편입니다.

많은 부부들이 성격이 다르거나 표현 방법의 차이 때문에 갈등을 겪습니다. 나 또한 남편의 어떤 반응에 대해 특히 민감해질 때가 있는데 그럴 때 나는 산책하면서 남편에게 물어봅니다.

그러면 남편은 내가 그렇게 생각했는지 전혀 몰랐다고 대답할 때가 많습니다. 내가 무언가 궁금해서 물어보면 통명스럽게 "몰라" 하고 딱 잘라 대답할 때마다 난 많이 힘들었습니다.

어느 날 시댁에 가서 어머니랑 이야기하다가 무언가 물어보자 어머니가 남편과 똑같은 뉘앙스로 통명스럽게 "몰라" 하고 대답하시는 것이었습니다. 그때 나는 '아, 남편이 어릴 때 생긴 습관일 수도 있겠다'는 생각이 들었습니다. 사실 그런 대답을 처음 들었을 때는 내가 질문하는 것이 귀찮아서 그런가라고 생각하며 속상해 했습니다. 하루는 남편이 내게 "모르는 걸 모른다고 말하지 그럼 뭐라고 대답해?"라고 자신의 대답에 대해 설명했습니다.

사실 맞는 말입니다. 수많은 남자들이 모르면서도 아는 척 하는데 남편은 모르는 건 그냥 모른다고 솔직하게 대답합니다. 내가 남편에게 정말 많이 들은 말 중에 하나가 "몰라!"였습니다.

남편은 자신이 깨닫고 정립한 것에 대해서만 말합니다.

"너는 배우고 확신한 일에 거하라."(딤후 3:14)

사람마다 집집마다 표현하는 방법이 조금씩 다릅니다.

나는 딸 다섯 중에 셋째인데, 다섯 자매가 함께 자랐기 때문에 표현하는 것이 밝고 부드러운 편인데 남편은 삼형제 중에 둘째여서 무뚝뚝하고 퉁명스러운 편입니다. 그래서 나는 결혼한 후부터 지금까지 계속 내게 부드럽게 표현해 달라고 부탁했습니다.

"부드럽게 표현해 주세요."

"그럴 때는 이렇게 반응해 주세요."

그래도 가끔씩 무뚝뚝하게 훅 치고 들어올 때가 있습니다.

자기 스스로는 자기만큼 부드러운 남자도 드물다고 말합니다.

사실 부드러운 사람입니다. 그런데 표현하는 방식이 가끔씩 내게 부딪혀 올 때가 있습니다. 나 또한 거칠게 표현할 때가 있습니다. 그러면 남편도 내게 부드럽게 표현하라고 코치해 줍니다. 그럴 때마다 나도 나름대로 표현 방식을 고치려고 애씁니다.

부부가 서로 다른 것은 당연합니다. 그래야 조화를 이루고 상호 보완적인 관계가 되어 함께 큰일을 이룰 수 있기 때문입니다.

조금 물러나서 상대를 이해하려는 자세로 대한다면 날이 갈수록 서로를 더 잘 이해하고 존중하며 행복하게 살 수 있습니다.

나에게는 하나님이 아들 둘, 딸 둘을 주셨습니다. 이 아이들도 성격이 제각각 다릅니다. 나는 아이들이 어릴 때 말했습니다.

"너희들은 성격도 다르고 잘하는 재능도 달라. 각 사람이 서로 다른 것은 당연한 거야. 그래서 상호 보완적인 관계가 되는 거야. 부족한 부분을 혼자 해결하려고 하지 말고 도움을 구해. 서로 존중하며 부족한 것을 도와준다면 능력이 배가 된단다."

그래서 아이들은 서로 비교하지 않습니다. 다르다는 것을 인정하고 서로 존중합니다. 서로가 다르다는 것을 이해한다면 많은 가정이 행복해질 것입니다. 서로 갈등하고 괴롭히는 고통스러운 생활을 하지 않을 것입니다. 며칠 전에 남편이 산책하며 하는 말을 듣고 나는 감동했습니다.

"오늘 욕실 수리하러 사람들이 왔을 때 당신에게 집에 있어 달라고 한건 당신이 그런 일에 더 전문적인 감각을 갖고 있고 또 일을 지시할 때도 구체적으로 나보다 요청을 더 잘 해서였어."

그러면서 자신의 연약한 점까지 분명히 말했습니다.

"나는 당신과 반대로 일하는 사람들이 자꾸 나한테 이런저런 부탁을 하거든. 그래서 오히려 내가 할 일이 많아지고 힘들어져."

사실 이 부분 때문에 늘 나 자신이 스스로 힘들어했습니다. 남편이 내 전문적인 분야에 있어 나를 잘 이해하지 못하는 것 같아서였습니다. 나는 굉장히 꼼꼼하게 모든 일을 처리하는 편입니다. 어떤 일이든 대충해서 얼렁뚱땅 넘기는 법이 없습니다. 그래야 내가 원하는 높은 수준의 결과물을 얻을 수 있기 때문입니다.

청소나 수리, 인테리어를 할 때 내가 원하는 높은 수준의 결과물을 얻고 또 그 상태를 유지하는 것은 매우 중요합니다. 이것은 쇼핑이나 운전, 요리나 설거지할 때도 중요하며, 옷을 고르고 사고 입고 수선할 때도 중요합니다. 일류 수준을 유지해야 합니다.

하지만 그런 나의 섬세하고 깐깐한 행동들이 때로는 남편이나 아이들에게 부담을 주기도 하고 그로 인해 서로 힘들어질 때도 있었습니다. 그런 나 자신을 바꾸려고 노력도 많이 하고 자책도 많이 했지만 바꿀 수 없었습니다. 하나님이 내게 주신 재능이기 때문입니다. 하나님이 주신 재능은 바꾸기보다 인정해야 합니다.

"하나님이 주신 재능을 바꾸려 하지 말고 인정하고 존중하라."

내가 할 수 있는 최선은 상대방이 힘들어하지 않도록 최대한 조심하는 것이었습니다. 사실 그것이 말처럼 쉽지는 않았습니다. 그런 나의 마음을 남편이 한 말 때문에 큰 위로를 받았습니다.

"나를 이해해 줘서 고마워요. 앞으로 그런 일이 있을 때면 내가 알아서 다 처리할게요."

사실 남편은 새로운 일을 추진하고 큰 문제를 해결하는 것을 아주 잘하지만 나는 그렇지 못합니다. 그 대신 나는 내게 주어진 것을 잘 관리합니다. 내게는 관리와 경영에 재능이 있습니다.

우리 부부는 상호 보완적인 관계에서 서로를 돕고 있습니다.

이런 것을 모르고 결혼하고 십여 년을 서로 많이 부딪히며 힘들어 했고 알게 모르게 상처를 입고 살았던 것 같습니다.

"당신은 왜 나와 다르게 생각하고 행동해?"

"당신의 말과 행동이 이해가 안 돼."

그러면 서로가 힘들어집니다.

사실 다르기 때문에 서로를 도와줄 수 있는 것입니다.

단순히 이 사실을 받아들이기만 했는데 우리의 일상생활은 너무나 평안하고 행복해졌습니다.

상대방이 나와 다름을 이해하고 있는 그대로를 받아들인다면 당신도 나처럼 행복한 삶을 살게 될 것입니다.

"아무 일에든지 다툼이나 허영으로 하지 말고 오직 겸손한 마음으로 각각 자기보다 남을 낫게 여기고 각각 자기 일을 돌볼뿐더러 또한 각각 다른 사람들의 일을 돌보아 나의 기쁨을 충만하게 하라."(빌 2:3~4)

매일 아침에 자기 계발 시간을 가지라

당신에게 있어 가장 중요한 습관은 무엇인가요?

내게는 그것이 매일 아침 '자기 계발 시간'을 갖는 습관입니다.

습관의 힘은 위대합니다. 당신이 날마다 일정한 시간에 정해진

일을 습관을 따라 하면 저절로 그 일을 잘 할 수 있게 됩니다.

일상생활도 습관을 따라 하기 때문에 스트레스가 없는 것처럼 당신이 하고 싶고 이루고 싶은 일도 습관을 만들어 자동으로 하면 스트레스 없이 쉽게 그 일을 잘 이루어 낼 수 있습니다.

습관이 되어 있지 않으면 아주 사소한 일도 특별히 마음먹어야만 겨우 해낼 수 있고 그 일을 하는 내내 마음에 부담과 스트레스를 안고 생활하게 됩니다. 그러면 쉽게 포기하게 됩니다.

세수하고 양치하고 밥 먹는 것도 다 습관입니다.

본능에 따라 먹는 것도 있지만 사람마다 다양한 방법으로 식사를 합니다. 우리 식구는 대부분 아침을 먹지 않습니다. 아이들도 중학교를 졸업할 때쯤부터 스스로 아침을 먹지 않으려고 했습니다. 속이 부담스럽다는 것입니다. 이젠 습관이 되어 아침을 차려 줘도 먹지 않습니다. 물론 집안마다 사람마다 다르겠지요.

나는 오전에 음식을 먹으면 속이 편하지 않습니다. 간단한 과일은 조금 먹어도 괜찮지만 탄수화물 종류를 먹으면 속이 더부룩하고 몸도 무거워져서 힘들기 때문에 아침은 거르고 점심을 먹습니다. 그래서 그런지 내 몸무게가 10대부터 지금까지 동일합니다.

요즘 사람들이 간헐적 단식을 많이 하는데, 우리 가족은 이미 하고 있었습니다. 아침을 먹지 않으면 좋지 않다고 매스컴에서 떠들어대도 어쩔 수 없습니다. 먹으면 내 몸이 힘드니까요.

반대로 어떤 사람은 아침을 꼭 챙겨 먹어야 합니다.

사람마다 습관을 어떻게 들이느냐에 따라 다른 것입니다.

좋은 습관을 들이면 삶이 풍성해집니다.

나는 매일 오전에 카페에서 책을 읽고 생각하는 나만의 시간을 가집니다. 나 혼자만의 자기 계발 시간을 가진 지가 10년이 넘었습니다. 처음 시작할 때는 습관이 되지 않아 너무 힘들었습니다.

하루는 남편이 내게 단호하게 말했습니다.

"아침에 눈을 뜨면 가장 멋진 옷을 차려 입고 카페에 가세요. 집안일은 손도 대지 말고 자기 계발 시간부터 먼저 가지세요."

"말도 안 돼요."

아침에 어린 아이들을 학교에 보내고 나면 해야 할 집안일이 산더미같이 널렸는데 그걸 다 팽개치고 카페에 가서 책을 읽고 생각하는 '자기 계발 시간'을 가지라니 도저히 받아들일 수 없었습니다. 그래서 몇 달 동안 남편과 실랑이를 벌였습니다.

"자기만 자기 계발 하면 되지 왜 꼭 나도 해야 해요? 어떻게 이 많은 일을 다 미뤄 두고 문을 박차고 매일 아침 카페에 나가요?"

"그래도 자신의 성장이 가장 중요해요. 집안일은 오후에 해도 되니까 손가락 하나 까닥하지 말고 일단 준비해서 나가세요."

남편은 단호하게 나를 설득해 나갔습니다.

나는 하루 이틀 나가다가 포기하기를 몇 개월간 반복했습니다.

솔직히 카페에 가는 시간도, 커피 값도 아까웠습니다.

'왜 매일 몇 천 원씩 쓸데없이 돈을 써야 하는 거지? 한 달이면 몇 십만 원인데, 이걸 저축하면 얼마야?'라는 생각이 들어 집에서 해보려고도 노력했지만 눈앞에 일거리가 보이니까 온전히 집중해서 책을 읽을 수가 없었습니다. 그렇게 포기하고 시도하기를 몇 개월 하면서 새로운 습관이 만들어졌습니다. 어느 순간부터 책 읽는 것이 재미있어졌습니다. 그리고 차츰 그 습관이 내 인생에 자리 잡으면서 아침엔 당연히 카페부터 가야 했습니다. 그렇지 않으면 하루가 뭔가 중요한 것이 빠진 듯했기 때문입니다.

그렇게 해서 지금까지 매일 꾸준히 나만의 시간을 가지고 있습니다. 지금은 내 하루 일과 중에서 오전에 갖는 나만의 시간은 당연한 것이 되어 있습니다. 그 시간을 통해 나는 엄청 많이 성장했습니다. 또한 내 삶이 풍요롭고 부요해졌습니다. 나의 고정관념들이 깨지고 성장했습니다. 알지 못한 세계에 눈을 떠 새로운 삶을 살고 있습니다. 내 인생이 백배로 더 부요해졌습니다.

당신도 매일 아침에 만사를 제쳐 두고 카페에 가서 성령님과 함께 앉아 책 읽고 깨달음을 얻는 자기 계발 시간을 꼭 가지기 바랍니다. 모든 부요함이 내면에서부터 시작되기 때문입니다.

당신의 삶이 풍성해지려면 좋은 습관을 하나씩 들여야 합니다.

작은 습관이 하루하루는 아무런 힘이 없는 것 같지만 그것이 몇 개월, 몇 년이 쌓이면 엄청난 일들이 벌어지게 됩니다.

그렇게 습관을 따라 책을 읽던 내가 지금은 습관을 따라 매일 한 꼭지씩 책을 쓰고 있습니다. 아무리 좋은 생각과 깨달음도 글로 남기지 않으면 잠깐 있다가 지나가는 것에 불과하기 때문입니다. 귀한 깨달음을 책으로 남겨 후손에게 물려줘야 합니다.

"이제 가서 백성 앞에서 서판에 기록하며
책에 써서 후세에 영원히 있게 하라."(사 30:8)

매일 기도하고 성경 읽는 습관을 가지라

당신은 매일 아침 기도하고 성경을 읽습니까?

나는 아침에 눈을 뜨면 가장 먼저 그 일부터 합니다.

어제 잠을 충분히 자지 못해 좀 늦게 일어났지만 오늘 아침에도 일어나자마자 기도를 했습니다. 매일 습관이 되니 너무 좋은 것 같습니다. 아침에 가장 먼저 시간을 뚝 떼어 기도하지 않으면 하루 종일 지내면서 기도하는 것은 어려운 것 같습니다. 분주하게 집안일을 하느라 중간에 따로 시간을 내기가 힘듭니다. 그러나 일어나자마자 기도부터 하니까 매일 기도할 수 있었습니다.

정시 기도를 하지 않고 하루를 지낼 때는 생활이 너무 힘들었습니다. 그러나 정시 기도를 하고 하루를 시작하면서부터는 내 영이 더 강해져서 일상의 세밀한 부분까지 성령님을 모시고 생활하게 되었습니다. 그러니까 하루 종일 마음이 평안하고 감정도 잘 다스려졌습니다. 또한 사람들 앞에서 더 담대해졌습니다.

물론 나는 눈 뜰 때부터 잠잘 때까지 하루 종일 성령님과 교제합니다. 하지만 시간을 정해서 하는 '정시 기도'는 매우 중요합니다. 당신도 하루에 30분이든, 한 시간이든 꼭 시간을 내어 성경을 펴 놓고 정시 기도를 하기 바랍니다. 그렇게 가장 중요하다고 생각하는 것을 꾸준히 하려면 그것이 습관이 되게 해야 합니다.

나는 매일 저녁에 샤워하면서 머리를 감습니다. 그리고 머리를 말리면서 아랫배와 엉덩이에 힘을 주고 발꿈치를 들어 올렸다 내리기를 100회 이상 합니다. 몇 년 전부터 이것을 습관화시켰습니다. 내 몸에 몇 가지 이상이 생겼기 때문입니다. 네 명의 아이를 자연 분만해서인지 재채기할 때 몸이 좀 힘들었는데 한동안 참고 견디다가 성령님께 구체적으로 도움을 구했습니다.

"성령님, 어떻게 해야 이걸 해결할 수 있을까요? 병원에 가서 약을 처방받아도 현상만 좀 나아졌지 근본적인 치료는 되지 않은 것 같아요. 성령님, 저에게 지혜를 주세요."

그러자 주님께서 지혜를 주셔서 '하체 근육 운동'을 하면 문제가 해결된다는 생각을 주셨습니다. 나는 구체적으로 물었습니다.

"그러면 이걸 언제 해야 할까요?"

"저녁마다 머리를 말리면서 하면 되지 않겠니? 세트 습관."

머리는 매일 저녁에 감고 말리니까 세트로 묶으면 자연스럽게 그 운동을 매일 할 수 있었습니다. 처음에는 종아리도 아프고 힘이 들었지만 꾸준히 해서 결국 세트 습관을 만들었습니다. 그러자 한 달 정도 지나서부터는 전혀 힘들지 않았고 오히려 머리를 말리기 위해 거울 앞에 서면 자동으로 하게 되었습니다.

그렇게 몇 개월을 하자 증상들이 현저히 좋아졌고 지금은 모든 문제가 해결되었을 뿐만 아니라 힙 업(hip up)까지 되어 청바지를 입기에도 훨씬 편해졌습니다. 당신도 어떤 새로운 일을 꾸준히 하고 싶으면 처음 시작할 때 그 일을 이미 습관이 되어 있는 다른 행동과 묶어서 해보십시오. 반드시 성공할 것입니다.

책 쓰기도 그렇습니다. 나는 책을 꾸준히 쓰고 싶었지만 잘되지 않았습니다. 특별히 하고 싶은 이야기 거리가 있을 때만 책을 쓰곤 했습니다. 그러다 보니 원고 양이 늘지 않았습니다. 그러다 어느 날 책 쓰기를 습관화해야 성공할 수 있다는 것을 깨달았습니다. 이것도 '세트 습관'으로 만들기로 결심했습니다.

매일 카페에 가서 책을 읽고 깨달음을 얻는 자기 계발 습관은 이미 형성되어 있었으므로 책 쓰기를 그 행동과 묶어서 해보기로 했는데 성공했습니다. 지금은 매일 꾸준히 책을 쓰고 있습니다.

무엇을 써야 할지 모를 때는 그날 내게 있었던 일상의 작은 일부터 편하게 쓰기 시작했습니다. 그러자 책 쓰기가 쉬웠고 매일 꾸준히 책을 쓰게 되었습니다. 습관이 천재를 만듭니다. 어떤 천재도 성실함이 없으면 위대한 일을 이루어 낼 수 없습니다.

비록 평범한 사람이라도 큰 꿈을 성취하기 위해 습관을 따라 매일 꾸준히 성실하게 일하면 위대한 일을 이룰 수 있습니다.

무엇이든 습관이 되면 그 일에 성공합니다. 하루하루 하는 작은 행동이 그때는 아무것도 아닌 것 같지만 그 매일이 모여 엄청난 결과를 만들어 냅니다. 당신도 세트 습관을 만들기 바랍니다.

습관을 따라 기도하고 성경 읽고 운동하십시오.

습관을 따라 책 읽기와 책 쓰기를 하십시오.

감사하는 사람이 계속 더 많이 받게 된다

당신은 감사한 마음을 잘 표현하는 편입니까?

나는 감사한 일이 있을 때 "와, 감사합니다"라고 표현합니다.

사람들은 감사하기를 잘 못하는 것 같습니다.

자신을 알아주기를 바라고 자랑하려고만 하지 주변 사람들이 배려해 준 것에 대해 감사하기보다는 당연하다는 듯이 시무룩한 표현을 하는 경우가 많습니다. 감사를 적극적으로 표현하는 것은 사람들과의 관계에서 윤활유 같은 역할을 합니다.

베푸는 사람은 보상이나 칭찬을 바라기보다는 자신이 받은 복에 대한 행복을 표현하기 위해 합니다. 하지만 받는 사람이 감사도 하지 않고 당연하다는 듯이 받으면 더 주고 싶은 마음이 사라집니다. '내가 괜히 베풀었나? 내가 준 것이 마음에 들지 않나?'

상대방이 감사를 표현하지 않아도 꾸준히 베풀어야 할까요?

하나님은 기적을 행하신 후에 감사하지 않고 원망하는 사람들에게는 진노하셨습니다. 당신도 기도하고 구한 것을 응답으로 받았을 때 원망하고 불평하지 말고 진심을 담아 감사를 표현해야 합니다. 그래야 서로가 더 기뻐지고 행복이 커집니다. 하나님께서 이스라엘 백성에게 만나와 고기를 많이 주셨지만 그들은 감사하지 않고 원망했습니다. 그 결과 하나님의 큰 진노를 받았습니다.

"그들 가운데 어떤 사람들이 원망하다가 멸망시키는 자에게 멸망하였나니 너희는 그들과 같이 원망하지 말라."(고전 10:10)

비록 작은 선물을 받더라도 감사를 표현하면 주는 사람도 기쁨이 배가 되며 더 주고 싶어질 것입니다. 받는 사람도 감사가 더 커질 것입니다. 하나님께도 감사를 적극적으로 표현해야 합니다.

항상 우리를 돌보시고 지켜 주시는 은혜에 감사해야 합니다.

예전에 지방에 갔다가 서울로 돌아오는 길에 고속도로에서 큰 사고가 날 뻔했습니다. 그 날 남편이 감기 몸살로 컨디션이 좋지 않았는데 정속으로 1차로를 잘 달리고 있던 차가 갑자기 좌우로 휘청거렸습니다. 분명 남편이 눈을 뜨고 정신이 말짱해 보였는데 차가 1, 2차로를 왔다 갔다 하며 휘청거렸던 것입니다.

"열방 씨, 열방 씨!" 하고 내가 소리치자 차가 바퀴를 바로 잡고 제대로 나가는 거였습니다. 순간 내가 소리치지 않았다면 중앙 분리대를 들이받고 뒤집어졌을 것입니다. 그때 만약 뒤에 따라오는 차가 가까이 있었다면 대형 사고가 났을 것입니다.

순간 우리에게 한동안 침묵이 흘렀습니다. 몇 분 뒤에 "많이 놀랐지?"라며 남편이 말문을 열었습니다. 우리를 지켜 주신 하나님께 감사할 따름입니다. 하나님이 지켜 주셔서 머리털 하나 상치 않게 해주신 것입니다. 우리가 매순간 숨 쉬고 이렇게 건강하게 살 수 있는 것은 하나님이 우리를 붙잡고 계시기 때문입니다.

사탄은 우리를 죽이고 도적질하고 멸망시키기 위해 순간마다 노리고 있습니다. 그러나 한순간도 놓치지 않고 하나님이 돌보고 계심을 감사해야 합니다. 또한 내 옆에 있는 이웃과 형제를 통해 우리를 돌보시는 은혜 또한 감사해야 합니다. 날마다 더 풍성히 감사를 표현하세요. 그러면 감사할 일이 더 많아질 것입니다.

"내 영혼아, 여호와를 송축하라. 내 속에 있는 것들아, 다 그의 거룩한 이름을 송축하라. 내 영혼아, 여호와를 송축하며 그의 모든 은택을 잊지 말지어다. 그가 네 모든 죄악을 사하시며 네 모든 병

을 고치시며 네 생명을 파멸에서 속량하시고 인자와 긍휼로 관을
씌우시며 좋은 것으로 네 소원을 만족하게 하사 네 청춘을 독수리
같이 새롭게 하시는도다."(시 103:1~5)

염려하지 말고 감사하는 습관을 가지라

당신은 누구를 의지합니까?

나는 오직 사나 죽으나 하나님만 의지합니다.

내게 아무것도 없었을 때 하나님은 나의 친아버지가 되셨습니
다. 그분은 내가 무엇을 하든지 든든한 지원군이 되어 주셨습니
다. 그분은 지금도 변함없이 나를 도우시고 지키시고 모든 것을
채워 주고 계십니다. 내가 염려하고 힘들어 할 때마다 "염려하지
마라. 힘들어하지 마라"며 위로와 격려를 아끼지 않으십니다.

그분이 내게 가장 많이 하신 말씀은 이 말씀입니다.

"아무 것도 염려하지 말고 다만 모든 일에 기도와 간구로, 너희
구할 것을 감사함으로 하나님께 아뢰라. 그리하면 모든 지각에 뛰
어난 하나님의 평강이 그리스도 예수 안에서 너희 마음과 생각을
지키시리라."(빌 4:6~7)

이 말씀은 굳세게 내 삶을 붙잡아 주었습니다.

어제도 그랬고 오늘과 또한 내일도 동일하게 하나님이 나를 돌

보시고 이끌고 계심을 나는 확실히 믿습니다. 돈 문제뿐만 아니라 주변 사람과의 문제에 부딪히면 순간 염려와 근심이 생깁니다.

그럴 때 주님은 내게 세미한 음성으로 말씀하십니다.

"아무것도 염려하지 마라. 내가 다 해결해 줄게."

하나님이 세밀하게 나를 이끌어 주시는데도 때때로 나는 염려를 꼭 붙잡고 있을 때가 있습니다. 그러면 내 마음과 생각이 약해지고 힘들어집니다. 염려를 붙잡고 있다고 해서 그 문제가 해결되는 것도 아닌데 미련하고 어리석게 붙잡고 있는 것입니다.

그럴 때마다 하나님은 내게 "염려하지 마라"고 말씀하십니다.

당신은 지금 어떤 염려를 하고 있습니까? 염려하지 마십시오.

예수님도 제자들에게 염려하지 말라고 하셨습니다.

"또 제자들에게 이르시되 그러므로 내가 너희에게 이르노니 너희 목숨을 위하여 무엇을 먹을까 몸을 위하여 무엇을 입을까 염려하지 말라. 목숨이 음식보다 중하고 몸이 의복보다 중하니라. 까마귀를 생각하라. 심지도 아니하고 거두지도 아니하며 골방도 없고 창고도 없으되 하나님이 기르시나니 너희는 새보다 얼마나 더 귀하냐. 또 너희 중에 누가 염려함으로 그 키를 한 자라도 더할 수 있느냐. 그런즉 가장 작은 일도 하지 못하면서 어찌 다른 일들을 염려하느냐. 백합화를 생각하여 보라. 실도 만들지 않고 짜지도 아니하느니라. 그러나 내가 너희에게 말하노니 솔로몬의 모든 영광으로도 입은 것이 이 꽃 하나만큼 훌륭하지 못하였느니라. 오늘 있다가 내일 아궁이에 던져지는 들풀도 하나님이 이렇게 입히시거든 하물며 너희일까보냐. 믿음이 작은 자들아, 너희는 무엇을 먹을까 무엇을 마실까 하여 구하지 말며 근심하지도 말라. 이 모든 것은 세상 백성들이 구하는 것이라. 너희 아버지께서는 이런 것이 너희에게 있어야 할 것을 아시느니라. 다만 너희는 그의 나라를 구하라. 그리하면 이런 것들을 너희에게 더하시리라."(눅 12:22~31)

염려를 하든 안 하든 하나님은 변함없이 당신을 지키고 돌보시고 모든 필요를 채워 주시고 모든 문제를 해결해 주십니다. 다만 염려하면 당신의 마음이 힘들고 몸이 병들기 때문에 하지 말라고 하시는 것입니다. 염려는 습관입니다. 믿음도 습관입니다 염려가 떠오르면 그걸 믿음으로 대체해야 합니다. 나는 말합니다.

"염려하는 습관을 감사하는 습관으로 바꾸라."

기도하고 구한 것은 다 받았다고 믿고 감사하십시오.

나는 예전에 화장할 때나 설거지할 때 잡생각이 나면서 부정적인 생각이 많이 떠올랐습니다. 그때마다 괜히 우울해졌습니다.

"어떻게 해야 부정적이고 염려하는 생각을 안 할 수 있죠? 성령님, 도와주세요"라고 말씀드렸습니다. 그러자 성령님은 "영의 언어인 방언을 말하고 믿음을 말해라"고 가르쳐 주셨습니다.

그날부터 부정적이거나 염려하는 잡생각이 떠오르면 입을 열어 중얼거리며 이렇게 말했습니다. "성령님, 도와주세요. 하라라라."

나는 방언을 말합니다. 방언은 내 영이 하나님께 비밀을 말 하는 것이므로 주방 일을 하면서도 계속 말할 수 있습니다.

온갖 잡생각은 주로 혼자 몸으로 일할 때 떠오릅니다.

그런 생각이 제멋대로 떠돌아다니게 내버려두면 안 됩니다.

당신의 마음과 생각을 다스리십시오. 어떻게 하면 될까요?

예수 이름으로 부정적인 생각을 꾸짖고 복음을 말하십시오. 마귀를 대적하고 귀신을 쫓아내십시오. 새 방언을 말하십시오.

"믿는 자들에게는 이런 표적이 따르리니 곧 그들이 내 이름으로 귀신을 쫓아내며 새 방언을 말하며 뱀을 집어올리며 무슨 독을 마실지라도 해를 받지 아니하며 병든 사람에게 손을 얹은즉 나으리라 하시더라."(막 16:17~18)

복음을 믿고 방언을 말하면서부터 내 마음에서 염려하는 습관이 사라졌습니다. 내 마음과 생각이 안정되고 강해졌습니다.

예전에는 '어떻게 하지?'라는 생각에 머물러 염려를 붙잡고 있었지만 이제는 염려가 떠오르려는 순간 방언을 말하므로 염려하는 생각이 사라지고 믿음의 생각을 하는 습관으로 바뀌게 되었습니다. 당신도 나처럼 좋은 습관으로 바꾸기 바랍니다.

주님께서 당신에게 말씀하십니다.

"두려워하지 말고 믿기만 하라."(눅 8:50)

인간관계가 좋아지려면 조금씩이라도 베풀어라

당신은 주위 사람들에게 잘 베푸는 편입니까?

인간관계가 좋아지려면 물심(物心)이 있어야 합니다. "빈손이 아닌 가끔 선물을 주면서 대하라"는 것입니다. 큰 선물은 뇌물이 될 수 있지만 작은 선물은 감동을 주고 마음을 움직이는 힘이 됩니다. "너그러운 사람에게는 은혜를 구하는 자가 많고 선물 주기를 좋아하는 자에게는 사람마다 친구가 되느니라"(잠 19:6)고 했습니다. 주위 사람에게 베풀 수 있다는 것은 큰 복입니다.

"언젠가 형편이 좋아지면 그때 해야지. 여유 자금이 생기면 그때 해야지"라고 미룬다면 영원히 그런 날이 오지 않을 지도 모릅니다. 지금 해야겠다는 생각이 들면 조금 부담스럽더라도 결단하고 행동하는 것이 좋습니다. 그래야 베풀 수 있습니다.

뭐든 미루다 보면 결국 아무것도 할 수 없게 됩니다.

나는 결혼하면서부터 지금까지 시댁에는 많은 선물을 했습니다. 세탁기나 냉장고 등 전자 제품이 필요하다면 사 드렸고 때마다 작은 선물을 사 드리기도 했습니다. 형편이 넉넉해서가 아니라 내 마음에서 우러나와 사랑하는 마음으로 한 것입니다.

그 반면 친정 엄마에게는 언니가 늘 풍부하게 필요를 채워 주고 있으니까 나까지 해야 한다는 마음이 별로 들지 않았고 그런 생각이 지속되었습니다. 그런데 이젠 엄마도 연세가 드셔서 기력이 많이 쇠해지셨습니다. 어느 날 문득 생각해보니 내가 너무 마음이 시댁 쪽으로 편중되어 있었다는 것을 발견했습니다.

예전엔 지하에 월세로 살며 힘들었지만 지금은 하나님이 내게 엄청난 복을 주셔서 백배나 더 부요하게 되었습니다. 나는 요즘 친정 엄마를 향한 내 생각을 조금 바꾸어야겠다고 결단했습니다.

주위에 베풀 수 있는 기회를 주신 것은 하나님의 은혜입니다.

나는 하나님께서 할 수 있는 힘을 주시고 상황을 만들어 주셔서 기회가 주어지면 '아! 하나님이 내게 더 많은 복을 주시려고 이런 작은 선을 행할 수 있는 기회를 주셨구나'라고 생각하며 감사합니다. 하나님은 그동안 내가 선교사님들에게나 친구, 친척들에게 베푼 모든 것에 대해 백배의 복을 주셨습니다. 그동안 내가 교회에 십일조와 헌금한 것에 대해서도 백배의 복을 주셨습니다. 나는 헌금할 때도 주님께 구체적인 금액을 묻습니다.

"주님, 이번 추수감사절에는 얼마를 하면 될까요?"

그러면 주님께서 내 마음에 감동을 주십니다.

"얼마를 해라."

나는 성령의 감동에 따라 50만 원, 100만 원, 300만 원, 500만 원 등의 헌금을 드립니다. 때로는 천만 원이 넘을 때도 있습니다.

내가 어떻게 그런 헌금을 드릴 수 있었겠습니까?

하나님이 내게 은혜로 재물을 주셨기 때문입니다.

다윗은 자신에게 온 모든 재물이 하나님께로부터 왔다고 고백했고 하나님께로부터 온 것을 다시 돌려 드린다고 했습니다.

"나와 내 백성이 무엇이기에 이처럼 즐거운 마음으로 드릴 힘이 있었나이까? 모든 것이 주께로 말미암았사오니 우리가 주의 손에서 받은 것으로 주께 드렸을 뿐이니이다."(대상 29:14)

그는 헌금을 드리기 위해 미리 저축했다고 했습니다.

"우리 하나님 여호와여, 우리가 주의 거룩한 이름을 위하여 성전을 건축하려고 미리 저축한 이 모든 물건이 다 주의 손에서 왔사오니 다 주의 것이니이다."(대상 29:16)

나도 다윗처럼 평소에 꾸준히 저축하는 편입니다. 그렇게 저축한 돈으로 감사헌금과 선교헌금을 하는 것입니다. 며칠 전엔 20만 원씩 4년간 저축한 돈 천만 원을 탄자니아에 선교비로 보내기도 했습니다. 때로는 주님의 음성을 따라 저축한 돈 전부를 드릴 때도 있습니다. 그러면 얼마 후에 하나님이 백배를 주십니다.
무언가를 드림으로 그것에 대한 보상을 받기 위해 하는 것이 아니라 하나님이 나의 주인이심을 인정하고 그분이 주신 것을 그분의 음성에 따라 순종함으로 드리는 것입니다. 하나님이 얼마의 헌금을 하라고 마음에 감동하시는 경우, 당신에게 있는 것을 빼앗기 위해서가 아닌 당신에게 더 많은 것을 주기 위해서입니다.

"주라, 그리하면 너희에게 줄 것이니 곧 후히 되어 누르고 흔들어 넘치도록 하여 너희에게 안겨 주리라. 너희가 헤아리는 그 헤아림으로 너희도 헤아림을 도로 받을 것이니라."(눅 6:38)

하나님은 내게 어떤 큰 선물을 주시기 전에 많은 경우 나로 하여금 먼저 선을 행하게 하셨습니다. 그것을 순종하고 시간이 지나면 내가 행한 그 일의 백배 이상을 항상 주셨습니다.

오래전 월세로 살면서 빠듯한 생활을 할 때였습니다.

어느 날 남편과 내가 지방에서 부흥회를 인도한 후에 강사비를 받고 집으로 돌아왔는데 주님께서 내 마음에 명확하게 "네가 가진 것 중에 50만 원을 한 선교사에게 보내라"고 말씀하시는 것이었습니다. 그 당시 그 돈은 우리 가정에 꽤 큰돈이었습니다. 그러나 우리는 주님이 말씀하시면 분명히 이유가 있다고 여겨 즉시 순종했습니다. "주님께서 무엇이든 우리에게 지시하시는 것은 우리의 것을 빼앗으려는 것이 아니라 우리에게 더 많은 복을 주시려는 것이다." 그리고 나는 그 일을 잊어버렸습니다.

1년 후에 우리는 정확하게 잠실에 5억짜리 집을 샀습니다.

도저히 우리 힘으로 살 수 없는 거였는데 하나님이 기적을 베푸셔서 그 집을 살 수 있는 길을 열어 주신 것입니다. 은행권에서도 집값에 비해 대출을 많이 해주었고 모든 조건과 상황이 맞아떨어졌습니다. 그리고 그 집이 지금은 두 배로 올랐습니다.

우린 하나님의 은혜에 너무 감사해서 감격 속에 하루하루를 살았습니다. 그러다 어느 날 문득 주님이 내 마음에 '50만 원을 선교비로 보내라'는 음성에 순종한 일을 떠올려 주셨습니다.

"와! 주님께서 이런 큰 복을 예비해 두시고 내게 먼저 믿음의 씨앗을 심으라고 그 작은 일을 명하셨구나. 말할 수 없이 크신 하나님의 은혜에 너무나 감사드립니다."

당신이 가진 모든 재물의 주인은 하나님이십니다. 그러므로 하나님이 말씀하시면 억지로나 인색함으로가 아닌 즐거운 마음, 부

요 믿음으로 순종하십시오. 그리고 하나님의 음성을 듣고 순종했
으면 반드시 백배로 거두는 날이 온다는 사실을 믿으십시오.

"우리가 선을 행하되 낙심하지 말지니 포기하지 아니하면 때가
이르매 거두리라. 그러므로 우리는 기회 있는 대로 모든 이에게 착
한 일을 하되 더욱 믿음의 가정들에게 할지니라."(갈 6:9~10)

.

나 때문에 온 집안이 복을 받고 있다

　당신은 날마다 한없이 행복하십니까?

　나는 날마다 한없이 행복합니다. 실제로 내 마음이 행복하고 또 행복하다고 주님께 고백할 수 있어 더욱 행복하고 감사합니다.

　사실 나는 예수님께서 십자가에서 "다 이루었다"(요 19:30)는 온전한 복음을 깨닫기 전에는 행복하다는 고백을 하지 못했습니다. 성령님께 사랑한다고 고백할 수도 없었습니다. 내가 정말로 행복한지, 내가 정말로 주님을 사랑하는지에 대한 확신이 없었기 때문입니다. 그런데 예수님께서 내 대신 십자가에서 피와 땀과 눈물을 쏟으며 나의 모든 죄와 저주를 다 담당하셨다는 온전한 복음을 정확히 깨닫고 나니 내 마음에서 행복과 사랑이 터져 나왔고 행복하다고 사랑한다고 주님께 고백할 수 있게 되었습니다.

나는 믿음으로 말미암아 의로워졌고 성령 충만해졌고 건강해졌고 부요해졌고 지혜로워졌고 평화를 얻었고 생명을 가지게 되었습니다. 지금은 예수님이 십자가에서 다 이루었다는 온전한 복음을 믿는 믿음이 내 인생의 전부가 되었습니다. 예수님은 십자가에서 피 흘려 죽으신 지 사흘 만에 부활하셨고 지금은 성령으로 내 안에 들어와 계십니다. 내 안에 예수님이 살아 계십니다.

이 사실을 깨닫고 난 후로부터 나는 날마다 믿음으로 주님께 사랑한다고 행복하다고 고백하며 살고 있습니다. 그리고 내게 임하신 성령님은 내 마음에 꿈과 환상과 예언을 주셨습니다.

"하나님이 말씀하시기를 말세에 내가 내 영을 모든 육체에 부어 주리니 너희의 자녀들은 예언할 것이요 너희의 젊은이들은 환상을 보고 너희의 늙은이들은 꿈을 꾸리라."(행 2:17)

꿈이 없던 내가 120가지 꿈과 소원 목록을 적게 되었습니다.

그리고 그 모든 꿈과 소원에 대해 한 번 기도하고 구한 다음 시간과 공간을 초월하여 성령 안에서 이미 다 이루어졌다고 믿습니다. 이것을 '믿음의 꿈, 믿음의 소원 목록'이라고 일컫습니다. 나는 내 믿음대로 주님께서 넘치게 이루어 주신다는 것을 확신합니다. 하나님은 내가 구하고 생각하는 모든 것을 넘치게 주십니다.

"우리 가운데서 역사하시는 능력대로 우리가 구하거나 생각하는 모든 것에 더 넘치도록 능히 하실 이에게"(엡 3:20)라고 했기 때문입니다. 하나님은 갑절의 복, 백배, 천배의 복을 주십니다.

나는 김열방 목사님을 통해 온전한 복음을 듣고 배웠습니다.

진정한 복음은 율법주의가 아닌 '오직 믿음'이란 것을 깨달았습니다. 그리고 "믿음은 기도하고 구한 것은 받았다고 믿고 감사하며 기다리는 것이다"라는 것도 오랜 시간을 통해 배우고 깨닫게 되었습니다. 그 전까지는 믿음의 눈을 뜨지 못하고 마치 허공에 대고 손을 휘젓는 것 같은 신앙생활을 했었는데 지금은 바뀌었습니다.

나에게 이런 믿음을 주신 주님께 억만 번이나 감사드립니다.

나는 이 책을 쓰기 위해 성령님과 함께 많이 고민했습니다.

"성령님, 이번 책에 어떤 내용을 담아야 할까요?"라고 묻고 며칠 동안 뒹굴뒹굴하며 기다렸더니 "감사한 내용을 써라"고 하셨습니다. 나는 주님께 감사한 것이 어떤 것이 있을까 라고 생각해보았는데 참으로 많았습니다. 특별히 김열방 목사님을 통해 복음을 듣고 믿음의 법을 깨닫고 믿음의 눈을 뜬 것이 감사했습니다.

나는 오직 의인이 믿음으로 살아야 한다는 것을 배웠습니다. 예수님께서 십자가에서 다 이루었기 때문에 환경과 현상과 증상이 아닌 말씀을 믿는 믿음으로 살아야 한다는 것을 깨달았습니다.

몇 년 전에 내가 "예수님께서 십자가에서 다 이루었다"는 온전한 복음을 받아들이는 큰 계기가 있었는데 무엇일까요? 그것은 "고정관념을 버리라"는 주님의 예언의 말씀이 내게 큰 영향을 주었기 때문입니다. 그 말씀은 김열방 목사님을 통해 주신 예언이었고 그날 나 혼자만 들은 말씀이 아니었습니다. 나는 내게 잘못된 고정관념이 있었기에 그런 고정관념을 버리라고 하나님께서 김열방 목사님을 통해 예언해 주셨다고 믿습니다. 나는 그 예언의 말씀을 가슴 깊이 새기고 생각했습니다. 그리고 그날 이후로 성령님께 도움을 구하고 잘못된 고정관념을 과감히 버렸습니다. 때론 의심이 들어 힘들었지만 결국에는 성령님의 도우심으로 해냈습니다. 그러자 내게 어마어마한 복이 쏟아졌습니다.

무엇일까요? "예수님께서 십자가에서 나의 죄와 목마름과 질병과 가난과 어리석음과 징계와 죽음을 다 담당하셨으므로 나는 의인이다. 성령 충만하다. 건강하다. 부요하다. 지혜롭다. 평화가 넘친다. 영원한 생명을 가졌다"라고 믿고 말하게 된 것입니다.

나에 대한 현상이 어떠하든 예수님께서 십자가에서 "다 이루었다"(요 19:30)는 말씀을 믿는 믿음으로 살게 되었습니다. 고정관념을 버렸더니 믿음으로 말미암아 행복해지는 길이 열리게 되었습니다. 그것이 무엇일까요? 담대하게 꿈과 소원을 가지게 되었다는 것입니다. 당신에게는 어떤 꿈과 소원이 있습니까?

내가 복음을 통해 믿음의 눈을 떴더니 그 순간부터 내 마음을 막고 있는 벽이 다 사라졌습니다. 그리고 "내 이름으로 무엇이든지 내게 구하면 내가 시행하리라"는 예수님의 말씀을 의지하여 마음껏 하나님께 꿈과 소원을 이루어 달라고 간구하게 되었습니다.

"온 마음을 다해 주님을 뜨겁게 사랑하기."
"가족들이 구원 받고 변화된 삶을 살기."
"내게서 재물 얻을 능이 크게 나타나기."
"21가지 은사를 받아서 주의 일 하기."
"아파트와 빌딩을 많이 사기."

"한 달 수입이 늘어나기."

　당신도 나처럼 예수님께서 십자가에서 다 이루었다는 온전한 복음을 믿고 깨달으면 믿음으로 행복해지고 꿈과 소원이 많이 생길 것입니다. 성령님께 행복하다고 사랑한다고 고백할 수 있게 됩니다. 믿음의 언어를 배우고 사용할 수 있게 됩니다.

　나는 하나님의 크신 은혜로 온전한 복음을 전하는 귀한 주의 종을 만났습니다. 내 노력으로는 절대 만날 수 없는 복된 만남이었습니다. 이런 만남의 복을 주신 하나님께 참 감사드립니다.

　나는 날마다 천국같이 행복합니다. 처음 예수님께서 다 이루었다는 복음을 듣고 너무너무 놀라웠습니다. 그래서 예수님께서 십자가에서 다 이루었다는 복음의 말씀이 더 듣고 싶어 간절히 성령님의 인도하심을 구했고 마침내 기도 응답을 받아 김열방 목사님과의 복된 만남의 축복을 누리며 살게 되었습니다.

　그렇게 믿음으로 복음을 받아들이고 최고의 선택을 했더니 이렇게 나를 통해서도 복음을 책에 담아 여러 사람에게 전할 수 있는 큰 은혜를 주셨습니다. 내가 '복음 작가'가 된 것입니다.

　어떻게 하면 복음으로 말미암아 행복해질 수 있을까요?

　첫째, 나처럼 고정관념을 버리면 됩니다.

　나는 의심이 많았습니다. 마음에 의심이 들 때면 너무나 괴로웠습니다. 복음이 믿고 싶었지만 눈에 보이지 않는 의심이 내 마음을 힘들게 했습니다. 어떻게 해결했을까요? 진리의 성령님께 도움을 구하고 예수 이름으로 의심을 향해 명령했습니다.

"성령님, 제가 의심하지 않고 완전히 믿게 해주세요."

"예수 이름으로 명하노니 의심하게 하는 마귀는 떠나가라."

당신도 성령님을 의지하고 마귀를 대적하기 바랍니다.

둘째, 온전한 복음이 담긴 믿음의 말씀을 들어야 합니다.

예수님께서 십자가에서 다 이룬 복음이 무엇인지 깨닫게 해주는 복음의 말씀과 책을 읽으면 큰 도움이 됩니다. "천국은 마치 좋은 진주를 구하는 장사와 같으니"(마 13:45)라는 말씀처럼 나는 내 영혼을 위해 아낌없이 투자하고 있습니다. 나의 믿음을 견고케 하기 위해서 말씀을 듣고 복음이 가득히 담긴 책을 읽습니다.

그리고 성령님께서는 내가 이렇게 하는 것이 단지 나 자신만을 위한 것이 아니라 더 많은 사람들에게 복음을 전할 수 있도록 나의 미래를 준비하고 계신다는 생각이 듭니다. 당신도 믿음의 말씀과 복음이 담긴 책을 읽으면 나처럼 행복해집니다.

나를 숨 쉬게 하는 복음

반짝반짝 빛나는 눈으로
언제나 나를 지켜보시는 분
내 안에 성령으로 거하고 계신다.
그분이 바로 주님이시다.

성령으로 내 안에 숨 쉬는 주님
나의 의와 성령 충만, 건강과 부요

지혜와 평화와 생명이 되신다.
성령으로 내 안에 숨 쉬는 주님
나의 전부가 되신다.

나의 전부이신 주님
주님의 사랑이 나는 참 좋다.
주님 사랑이 나를 숨 쉬게 한다.
나를 마음껏 숨 쉬게 한다.
주님께서 "다 이루었다"고 말씀하신다.

하나님의 인도하심은 놀랍고 신기하다

당신은 요셉의 삶을 어떻게 생각하십니까?
나는 성경에 나오는 인물 요셉의 삶을 생각해 보았습니다.
교회에서 말씀을 듣는 시간에 김열방 목사님을 통해 요셉이 어떤 사람인지, 어떤 삶을 살았는지 자세히 알게 되었습니다.
요셉은 야곱의 아들로서 노년에 얻은 귀한 아들이었습니다. 요셉 위로 여러 형들이 있었지만 야곱은 특별히 요셉에게만 채색 옷을 지어 입힐 정도로 여러 형들보다 그를 더 사랑했습니다.

"요셉은 노년에 얻은 아들이므로 이스라엘이 여러 아들들보다 그를 더 사랑하므로 그를 위하여 채색 옷을 지었더니."(창 37:3)

그리고 형들은 이런 요셉을 시기하므로 구덩이에 던지고 결국은 노예로 팔아 버렸습니다. 요셉은 보디발 장군의 집에서 노예 생활을 했는데 하나님의 은혜로 가정 총무로 일하다가 누명을 쓰고 감옥 생활까지 하게 되었습니다. 내가 생각하기에 요셉은 말로 표현할 수 없는 기막힌 고난의 삶을 살았던 것 같습니다.

요셉은 자신이 형들의 손에 팔려 이방에서 노예 생활을 하고 또 누명을 쓰고 감옥 생활을 할 거라고는 생각도 못했을 겁니다. 어쩌면 요셉은 집안에서 탄탄대로의 삶을 꿈꾸지 않았을까요?

나도 요셉처럼 내가 전혀 생각지도 못한 길로 하나님께서 나를 이끌고 계신다는 생각을 할 때가 종종 있습니다. 그럴 때마다 하나님의 인도하심이 정말 놀랍고 신기하다는 생각이 듭니다.

나는 요셉처럼 하나님께 특별히 사랑을 받고 있다고 믿습니다.

때로는 답답한 환경과 현상 때문에 한숨이 나올 때도 있지만 김열방 목사님의 믿음의 말씀을 듣고 다시 힘을 얻곤 합니다.

"우리는 현상을 보며 사는 자들이 아니다. 믿음으로 산다."

그래서 나는 현상과 상관없이 믿음으로 살며 환경과 상관없이 언제나 하나님께 특별히 사랑을 받는 자라고 믿습니다.

어떨 때는 '하나님이 정말 나를 사랑하시나?'라는 생각도 들었지만 "하나님이 세상을 이처럼 사랑하사 독생자를 주셨으니 이는 그를 믿는 자마다 멸망하지 않고 영생을 얻게 하려 하심이라"(요 3:16)는 말씀처럼 독생자 예수님을 세상에 보내 주시기까지 나를 끝까지 사랑하시는 하나님의 사랑을 굳게 믿기로 했습니다.

나는 이런 성경 구절에 큰 위로와 힘을 얻고 주님을 믿는 믿음을 다잡습니다. '그래, 하나님께서 독생자 예수님을 세상에 보내 주시기까지 나를 사랑하신대'라고 믿으며 믿음을 붙듭니다.

특별히 야곱이 요셉에게만 채색 옷을 지어 입혀 주었듯이 하나님께서 복음을 모르고 살던 나에게 남들과 전혀 다른 온전한 복음의 채색 옷을 입혀 주시고 행복이 넘치는 길을 가게 하셨습니다.

나는 예수님께서 십자가에서 다 이룬 복음이 하나님께서 내 인생에 입혀 주신 채색 옷과 같다고 생각됩니다. 세상 사람들이 볼 때 엄청 화려하지 않아 보이는 인생이라도 괜찮습니다. 예수님께서 십자가에서 다 이룬 복음을 깨닫고 믿고 누린다면 하나님이 보시기에 채색 옷과 같은 황홀한 인생을 살고 있다고 확신합니다.

"나는 예수님이 십자가에서 내 대신 피와 땀과 눈물을 쏟으며 값을 다 지불하고 다 이룬 온전한 복음을 믿고 누린다. 나는 예수님의 은혜로 죄와 목마름, 병과 가난, 어리석음과 징계와 죽음에서 완전히 벗어났다. 나는 그리스도 안에서 새로운 피조물이다. 나는 의인이다. 성령 충만하다. 건강하다. 부요하다. 지혜롭다. 평화를 가졌다. 생명을 가졌다. 오직 의인이 믿음으로 살리라."

예수님이 십자가에서 다 이룬 복음이 내 인생을 바꾸었습니다.

"내가 복음을 부끄러워하지 아니하노니 이 복음은 모든 믿는 자에게 구원을 주시는 하나님의 능력이 됨이라. 먼저는 유대인에게요 그리고 헬라인에게로다. 복음에는 하나님의 의가 나타나서 믿음으로 믿음에 이르게 하나니 기록된 바 오직 의인은 믿음으로 말미암아 살리라 함과 같으니라."(롬 1:16~17)

나는 예전에는 복음과 율법이 무엇인지 몰랐습니다.

그래서 열심히 신앙생활을 하는 것이 다인 줄 알고 교회에서 하라고 하는 대로 무조건 힘써 하려고 노력했습니다. 그렇게 해야 내 마음이 편했기 때문입니다. 그렇게 열심히 하며 다른 사람을 따라가지 못했을 때는 내 마음이 너무 힘이 들었습니다.

나의 율법적인 신앙생활은 어땠을까요?

하나님의 말씀과 복음에 대한 믿음보다 내 기준과 행위를 더 크게 여겼고 나름대로 땀 흘리며 신앙생활을 잘한 것 같은 날은 내 마음이 천국이었고 잘못한 것 같은 날은 지옥이었습니다.

하나님이 무서웠습니다. 그러다가 김열방 목사님의 책을 읽고 또 인터넷으로 말씀을 듣다가 오직 복음만 듣고 싶은 간절한 마음이 생겼습니다. 어찌나 말씀에 힘이 있던지 가슴이 뜨거웠습니다.

믿음의 말씀들이 너무 좋았고 신기했습니다. 지금은 더 풍성한 말씀을 들으며 감사한 믿음 생활을 하고 있습니다. 그래서 행위 위주의 신앙생활을 정리하고 오직 믿음의 법을 깨닫게 해준 복음을 따라 살기로 선택했습니다. 지금도 최고의 선택이라고 믿습니다. 이왕이면 하나님 앞에서 온전한 복음에 대한 믿음을 갖고 살 수 있도록 도와주는 믿음의 말씀을 들어야 하지 않을까요?

나는 하나님께 기도했습니다.

"주님 최고의 복음을 선택했습니다. 저를 저기 서울목자교회로 인도해 주세요. 계속 복음을 듣고 싶습니다."

그리고 한동안 주일마다 전주에서 서울 잠실로 움직였습니다.

인생은 선택이라고 했던가요? 맞습니다. 나는 하나님의 은혜로 최고의 선택을 했습니다. 그 결과 율법이 아닌 온전한 복음 안에 거하게 되었고 내 행위가 아닌 오직 예수님의 피와 땀과 눈물이 전부인 걸 깨닫고 믿게 되었습니다. 그리고 오직 하나님 말씀을 믿는 믿음이 가장 귀하다는 것을 알게 되었습니다.

우리는 과연 무엇을 믿어야 할까요?

첫째 나의 행위를 믿는 것이 아닙니다.

예수님께서 십자가에서 다 이룬 복음을 믿고 믿음의 법을 따라 살아야 합니다. 내 행위가 아닌 믿음이 먼저여야 한다는 것을 나는 그동안 모르고 있었던 것입니다. 나는 믿음의 눈을 뜨기 전에 열심히 기도하고도 낙심을 할 때가 많았습니다. 그것이 낙심인 줄도 몰랐습니다. 기도하고 돌아서면 하나님께서 나의 기도에 응답하실 거라는 믿음과 확신이 없었습니다.

항상 기도하고 나면 마음이 실망되었습니다. 그 실망하는 마음을 안고 교회에 나가 예배하곤 했습니다. 그러다가 교회에 부흥회가 있었는데 부흥 강사님을 통해 하나님께서 내게 말씀을 주셨습니다. 항상 기도하고 낙심하지 말라는 말씀이었습니다.

"예수께서 그들에게 항상 기도하고 낙심하지 말아야 할 것을 비유로 말씀하여……."(눅 18:1)

지금은 하나님의 말씀을 믿고 의지하며 기도합니다.

"내 이름으로 무엇이든지 내게 구하면 내가 행하리라."(요 14:14)

참 멋진 말씀입니다.

나는 이 말씀을 많이 생각하는 편입니다. 그리고 의지합니다.

문제가 생겼을 때나 고민이 있을 때 간단하고 쉽게 외워지면서 주님께서 금방이라도 모든 문제를 해결해 주실 것 같은 믿음의 말씀이기 때문에 내 마음에 큰 용기를 얻습니다. 나는 이 말씀을 믿는 믿음으로 기도해야 한다는 것을 깨달았습니다.

얼마 전에 친정 아빠가 대수술을 받은 적이 있습니다.

나는 예수님이 십자가에서 다 이룬 은혜의 복음에 의지하여 친정 아빠를 위해 기도했습니다. "내 이름으로 무엇이든지 내게 구하면 내가 행하리라"는 말씀처럼 하나님께서 기적을 베풀어 주셔서 큰 위험 없이 수술을 잘 마치게 해주셨고 생각보다 빠르게 회복되고 퇴원하셨습니다. 사실 친정 아빠는 수술을 받는 것에 큰 부담을 가지셨는데 하나님의 은혜로 고비를 잘 넘기셨습니다.

의인의 간구는 역사하는 힘이 많습니다. 당신도 병 낫기를 위해 기도하십시오. 하나님께서 당신의 기도를 듣고 계십니다.

"이러므로 너희 죄를 서로 고하며 병 낫기를 위하여 서로 기도하라. 의인의 간구는 역사하는 힘이 많으니라."(약 5:16)

둘째, 예수님의 행위를 믿어야 합니다.

내 행위가 아닌 하나님의 은혜를 믿어야 합니다.

예수님의 피와 땀과 눈물로 말미암아 모든 값을 지불한 '의성건부지평생'의 은혜가 당신에게 넘치고 있습니다. 이것은 부족한 은혜가 아닌 넘치는 은혜입니다. 당신의 잔이 넘칩니다.

"주께서 내 원수의 목전에서 내게 상을 차려 주시고 기름을 내 머리에 부으셨으니 내 잔이 넘치나이다."(시 23:5)

의성건부지평생이 무엇일까요?

첫째, 예수님께서 십자가에서 나의 죄를 담당하셨습니다. 그러므로 나는 죄인이 아닌 의인이 되었습니다. 둘째, 목마른 자가 아닌 성령 충만한 자가 되었습니다. 생수의 강이 흐르고 있습니다.

"명절 끝날 곧 큰 날에 예수께서 서서 외쳐 이르시되 누구든지 목마르거든 내게로 와서 마시라 나를 믿는 자는 성경에 이름과 같이 그 배에서 생수의 강이 흘러나오리라 하시니라."(요 7:37~38)

물론 때로는 나 자신이 성령 충만한 것 같지 않은 것처럼 느껴질 때가 있습니다. 마음이 순간적으로 낙심될 때입니다.

'난 믿음으로 말미암아 성령 충만한데 왜 이럴까?'

하지만 나는 감정이 아닌 믿음을 선택합니다. 믿음을 활용하여 나 자신의 느낌과 상관없이 성령님께 이렇게 말씀드립니다.

"성령님, 저는 느낌과 상관없이 성령 충만합니다."

하나님이 원하시는 것은 느낌이 아닌 믿음입니다.

"믿음이 없이는 하나님을 기쁘시게 하지 못하나니 하나님께 나아가는 자는 반드시 그가 계신 것과 또한 그가 자기를 찾는 자들에게 상 주시는 이심을 믿어야 할지니라."(히 11:6)

느낌을 따라 살면 모든 것을 잃고 믿음을 따라 살면 모든 것을 얻습니다. 당신은 무엇을 따라 생각하고 말하고 행동합니까?

하나님은 느낌이 아닌 믿음에 반응하시는 분입니다.

하나님이 당신 안에 가득히 계신 것을 믿어야 합니다. 그러면 믿음의 상을 주시는 하나님께서 시간과 공간을 초월해서 기도에 응답하십니다. 기도하고 구한 것을 받았다고 믿고 믿음의 고백을 하면 그 믿음의 고백대로 하나님께서 다 이루어 주십니다.

셋째, 예수님께서 채찍에 맞음으로 나는 건강합니다. 모든 병과 연약함에서 나음을 받았습니다.

"그가 채찍에 맞음으로 우리는 나음을 받았도다."(사 53:5)

몇 달 전에 나는 집으로 돌아오는 길에 미용실에 들러 머리를 단발로 잘랐습니다. 그런데 그 미용사가 내 머리를 보더니 머리숱이 많이 없다는 말을 했습니다. 나는 그 말을 받아들이면서도 마음 한편으로는 크게 놀랐습니다. 그리고 집으로 오는 중에 서울목자교회 사무국장인 박미혜 전도사님과 통화를 했습니다.

성령님께서 전도사님을 통해 이렇게 말씀하셨습니다.

"네 머리카락이 쇠기둥과 같다. 네 머리숱이 많다. 그 사람이 네게 부정적인 말을 했다. 믿지 말고 당장 샴푸를 바꿔라."

그래서 나는 성령님의 음성과 전도사님의 도움을 받아 즉시 유기농 샴푸로 바꾸게 되었습니다. 그때 나는 안 좋은 샴푸를 썼던 것이 너무 후회가 되었습니다. 지지리 궁상을 떨며 무조건 싼 샴푸만 고집했던 내 모습이 참으로 한심스러웠습니다.

박미혜 전도사님은 김열방 목사님의 말씀을 듣고 바로 순종해서 유기농 샴푸로 바꾸고 대야에 물을 받아 머리를 헹구고 했더니 미용실 원장님이 놀라서 "왜 이리 머리숱이 많냐?"고 했답니다.

예전에 김열방 목사님의 설교를 통해 샴푸도 아무거나 쓰지 말고 꼭 유기농을 써야 한다는 말씀을 들었는데 그때 바로 즐겨 순종하지 못하고 차일피일 미루며 궁상떨었던 시간들이 너무나 아깝고 속상했습니다. 지금은 나도 유기농 샴푸로 바꾸고 박미혜 전도사님처럼 똑같이 따라 하며 머리를 잘 관리하고 있습니다.

미용실 원장님이 내게 부정적인 말을 내뱉었던 그 사건을 통해 하나님께서는 내가 부정적인 말을 절대로 받아들여서는 안 된다는 것을 깨닫게 하셨습니다. 믿음을 지켜야 한다는 것입니다.

나는 믿음의 끈을 놓고 부정적인 말을 받아들이며 잠시 잠깐 근심에 **빠져** 있었습니다. 하지만 성령님의 도우심으로 절대로 부정적인 말을 받아들이지 말고 오직 믿음만 생각하고 또 지혜롭게 내게 주신 머리를 잘 관리해야 한다는 것을 배웠습니다.

성령님의 음성을 듣고 순종했더니 지금은 머리카락이 쇠기둥처럼 점점 힘이 생겨 강해졌고 숱도 풍성하게 되었습니다. 또한 가늘었던 머리카락이 점점 굵어지는 것 같아 기분이 좋습니다. 자고 깨고 하는 중에 내 머리숱이 날로 많아지는 것을 믿습니다.

나는 병원 가는 것을 엄청 싫어합니다. 그래서 거의 모든 병과 연약함에 대해 예수 이름으로 명령을 내립니다. 그러면 하나님께서 나의 겨자씨 같은 믿음을 보시고 응답을 해주셨던 경험이 있습니다. 자고 깨고 하는 중에 병이 낫는다고 하신 하나님 말씀을 믿고 생활하면 신기하게 진짜로 하나님의 기적을 체험했습니다.

"그가 밤낮 자고 깨고 하는 중에 씨가 나서 자라되 어떻게 그리 되는지를 알지 못하느니라. 땅이 스스로 열매를 맺되 처음에는 싹이요 다음에는 이삭이요 그 다음에는 이삭에 충실한 곡식이라. 열매가 익으면 곧 낫을 대나니 이는 추수 때가 이르렀음이라."(막 4:27~29)

믿음은 무엇일까요? 한 번 기도하고 구한 것을 받았다고 믿고 자고 깨고 하면서 즐겁고 행복한 마음으로 기다리는 것입니다. 그러면 진짜 그대로 됩니다. 자고 깨고 하는 중에 돈도 많아지고 머리숱도 많아집니다. 집과 땅의 가치도 자꾸 올라갑니다.

나는 믿음의 상을 주시는 하나님을 믿습니다.

어떻게 하면 믿음의 상을 받을 수 있을까요? 쉽습니다. 습관을 따라 믿음만 생각하고 말하면 됩니다. 이렇게 말하십시오.

"성령님, 자고 깨고 하는 중에 머리숱이 많아지게 해주셔서 억만 번이나 감사합니다. 돈도 자산도 많아지게 해주셔서 감사합니다."

당신도 말씀을 듣고 책을 읽고 깨달음을 얻었습니까?
그렇다면 차일피일 미루지 말고 즉시 즐겨 순종하십시오.
부정적인 사람을 만나 말을 섞고 그들의 부정적인 말을 받아들이면 안 됩니다. 부정적인 사람은 거절하고 차단하고 함께 있지 말고 가만히 두십시오. 그들에게서 떨어져 나오십시오. 오직 믿음의 말을 하는 사람만 만나고 믿음의 주요 또 온전케 하시는 이인 예수 그리스도를 바라보십시오. 그분과 사귀십시오.
넷째, 예수님께서 나의 가난의 저주를 십자가에서 다 해결해 주셨으므로 나는 부요한 자가 되었습니다. 나는 억만장자입니다.

"우리 주 예수 그리스도의 은혜를 너희가 알거니와 부요하신 이로서 너희를 위하여 가난하게 되심은 그의 가난함으로 말미암아 너희를 부요하게 하려 하심이라."(고후 8:9)

진정으로 부요한 자는 성경에 기록된 말씀처럼 예수님의 부요함을 마음으로 믿는 사람입니다. 당신은 억만장자입니다.
다섯째, 예수님께서 나의 어리석고 미련함의 저주를 십자가에서 가시관을 쓰시고 피를 흘리시므로 다 담당하셨습니다. 그러므로 나는 지혜롭고 총명한 자가 되었습니다. "이는 그가 모든 지혜와 총명을 우리에게 넘치게 하셨다(엡 1:8)고 했습니다. 내 안에 하나님의 지혜가 가득합니다. 나는 바보가 아닌 천재입니다.

여섯째, 나의 징계를 다 담당하신 예수님 때문에 나는 날마다 평화를 누리고 있습니다. "그가 징계를 받으므로 우리는 평화를 누리고"(사 53:5)라는 말씀대로 예수님이 내 대신 모든 징계를 받았기 때문에 나는 더 이상 징계를 받지 않습니다. 내게는 심판이 없고 형벌이 없습니다. 한강 같은 평화만 가득합니다.

"내게 강 같은 평화 넘치네."

일곱째, 영원한 생명이신 예수님이 내 대신 십자가에서 피 흘려 죽으셨기 때문에 나는 영원한 생명, 새 생명, 큰 생명을 받아 누리게 되었습니다. 내 안에 하나님의 생명이 가득합니다.

이러한 일곱 가지가 하나님의 아들 예수님이 십자가에서 피와 땀과 눈물을 흘리며 행하신 속량의 은혜입니다. 내 행위가 아닌 예수님의 행위에 근거한 억만 금보다 귀한 온전한 복음입니다.

예전에는 "다 이루었다"는 예수님의 말씀보다 내 행위가 먼저였던 율법적인 신앙생활이었습니다. 하지만 지금은 예수님의 말씀을 믿는 온전한 복음의 삶을 사는 것이 진정으로 하나님께서 기뻐하시는 믿음 생활이라는 것을 깨닫고 그렇게 살고 있습니다.

온전한 복음을 깨닫는 순간 꿈이 생겼다

당신은 어떤 꿈을 갖고 있습니까?

나는 예전에 내 문제조차 해결되지 않았기 때문에 꿈을 꿀 수 없었습니다. 하지만 지금은 온전한 복음을 통해 내 인생의 문제가 모두 해결되었기 때문에 다시 꿈을 가질 수 있게 되었습니다.

나는 하나님의 은혜로 예수님이 십자가에서 다 이룬 온전한 복음을 깨닫게 되었고 이러한 복음을 믿고 있습니다. 그리고 하나님께서 나의 어떤 율법 행위보다 믿음을 더 기뻐하신다는 것을 깨달았습니다. 그래서 나는 하나님의 은혜를 완전히 믿기로 했습니다.

"믿음이 없이는 하나님을 기쁘시게 하지 못하나니 하나님께 나아가는 자는 반드시 그가 계신 것과 또한 그가 자기를 찾는 자들에게 상 주시는 이심을 믿어야 할지니라."(히 11:6)

믿음의 법을 깨닫기 전에는 내게 아무런 꿈이 없었습니다.

그런데 복음이 가득히 담긴 말씀을 듣고 또 그런 책을 읽으면서 내가 가져야 할 꿈이 무엇인지 깨닫게 되었습니다. 그것이 무엇일까요? 내가 깨닫고 누리는 온전한 복음을 온 천하에 전파하는 것입니다. 예수님께서 제자들에게 말씀하셨습니다.

"또 이르시되 너희는 온 천하에 다니며 만민에게 복음을 전파하라. 믿고 세례를 받는 사람은 구원을 얻을 것이요 믿지 않는 사람은 정죄를 받으리라. 믿는 자들에게는 이런 표적이 따르리니 곧 그들이 내 이름으로 귀신을 쫓아내며 새 방언을 말하며 뱀을 집어올리며 무슨 독을 마실지라도 해를 받지 아니하며 병든 사람에게 손을 얹은즉 나으리라 하시더라. 주 예수께서 말씀을 마치신 후에 하늘로 올려지사 하나님 우편에 앉으시니라. 제자들이 나가 두루 전파할새 주께서 함께 역사하사 그 따르는 표적으로 말씀을 확실히 증언하시니라.”(막 16:15~20)

예수님이 십자가에서 다 이루시고 부활하셨기 때문에 내가 더 이상 이루어야 할 일이 없습니다. 그분이 일을 다 끝내셨습니다. 완성하셨습니다. 승리하셨습니다. 값을 다 지불하셨습니다. 대가를 다 치르셨습니다. 빚을 다 갚으셨습니다. 다 이루었습니다. 그분은 일을 다 끝내셨기 때문에 하나님 우편에 앉으셨습니다. 이제는 성령을 받은 제자인 내가 움직여야 할 때가 온 것입니다.

“제자들이 나가 두루 전파할새, 주께서 함께 역사하사 그 따르는 표적으로 말씀을 확실히 증언하시니라.”(막 16:20)

우리가 해야 할 일은 오직 복음을 전파하는 것뿐입니다.
우리는 모든 방법으로 모든 사람에게 복음을 전파해야 합니다.
그래서 꿈이 필요한 것입니다. 성령을 받은 사람의 특징은 꿈을 꾼다는 것입니다. 모든 것을 다 이루신 예수님이 성령으로 그 사람 속에 가득히 들어와 계시기 때문에 ‘세계 비전’을 가져야 합니다.

"하나님이 말씀하시기를 말세에 내가 내 영을 모든 육체에 부어 주리니 너희의 자녀들은 예언할 것이요 너희의 젊은이들은 환상을 보고 너희의 늙은이들은 꿈을 꾸리라."(행 2:17)

우리는 성령님과 함께 땅 끝까지 다니며 복음을 전파한다는 큰 꿈을 꾸는 자가 되어야 합니다. 성령님은 크신 분입니다.

"오직 성령이 너희에게 임하시면 너희가 권능을 받고 예루살렘과 온 유대와 사마리아와 땅 끝까지 이르러 내 증인이 되리라 하시니라."(행 1:8)

나는 성령님의 인도를 받고 순종하므로 온 천하에 다니며 만민에게 복음을 전파하는 것이 최고의 꿈이라는 것을 깨달았습니다. 나는 내게 주신 꿈이 하나님의 꿈이라는 것을 믿습니다. 그래서 나는 성령님의 인도를 받으며 미래를 위해 투자하고 있습니다.

두려움을 향해 떠나가라고 명령하라

당신은 복음을 전하기 위해 무엇을 하고 있습니까?
나는 복음을 전하는 작가와 전도자의 삶을 살고 있습니다.
이를 위해 시간과 비용을 투자하며 미래를 준비하고 있습니다.
내 꿈이 아무리 큰 꿈이어도 하나님의 꿈이기에 그분이 다 이루어 주실 것을 확실히 믿습니다. 지금까지 성령님의 음성을 들으며 달려왔는데 그런 내게 힘든 순간도 여러 번 있었습니다.

나는 그 모든 과정을 통해 믿음이 무엇인지 더욱더 깨닫고 배우게 되었습니다. "예수님께서 십자가에서 다 이룬 온전한 복음으로 나는 의인이고 성령 충만하고 건강하고 부요하고 지혜롭고 평화가 가득하고 영원한 생명을 갖게 되었다. 나는 그리스도인이고 새로운 피조물이 되었다"라고 믿고 행복했지만 하나님 한 분만 바라보며 믿음의 모험을 하는 과정이 때로는 마치 살얼음판을 걷는 기분이 들 때가 있었습니다. 마음이 불안하고 두려웠습니다.

내가 믿음으로 순종할 때 내게 큰 적은 두려움이었습니다.

성경에서는 "두려워하지 말고 믿기만 하라"(눅 8:50)고 말씀하고 있습니다. 하지만 순간순간 두려움이 나를 힘들게 할 때가 많았습니다. 마음이 무척 괴로워 힘들 때도 있었습니다.

나는 현상을 바라보며 힘들어 했고 가까이에 있는 사람을 떠올리며 두려워하기도 했습니다. 두려움은 나의 적이었습니다. 그런데 그 두려움 중에도 하나님께서는 내 안에 살아 계신 예수 그리스도의 대속의 은혜로 말미암아 흘러넘치는 은혜와 사랑으로 나를 이끌어 주셨습니다. "예수 그리스도께서 너희 안에 계신 줄을 너희가 스스로 알지 못하느냐?"(고후 13:5)라고 했습니다.

그렇습니다. 내가 전적으로 믿고 의지해야 할 분은 예수님 한 분밖에 없었습니다. 눈에 보이지 않는 두려움을 그 누가 해결할 수 있단 말입니까? 그 당시는 내게 사방이 적처럼 느껴졌던 힘든 시간들이었지만 내 안에서 믿음의 은사가 역사하고 있었습니다.

예수님이 유대 땅 베들레헴에서 태어났을 때 동방박사들은 성령님의 인도를 온전히 받지 못했고 왕궁으로 들어가 이 사실을 떠벌렸습니다. 헤롯왕이 그 사실을 알게 된 순간 분노하기 시작했고 그로 인해 수많은 아기가 죽는 엄청난 비극이 일어났습니다.

하나님의 일은 모두 조용히 은밀하게 진행해야 합니다. 사탄이 부정적인 사람을 통해 방해하기 때문입니다. 나는 성령님의 음성을 듣고 순종하며 믿음으로 조용히 일을 진행하기로 했습니다.

어느 누구도 알아서는 안 된다는 마음에 벌벌 떨었던 시간이 있었지만 두려움 때문에 성령님의 인도를 받지 못하는 삶이란 얼마나 가엾고 불쌍한 인생입니까? "하나님이 우리에게 주신 것은 두려워하는 마음이 아니요 오직 능력과 사랑과 절제하는 마음이니"(딤후 1:7)라고 했습니다. 두려움은 사탄이 주는 마음입니다.

예수님은 죽음도 두려워하지 않으셨습니다.

그분은 사도 요한에게 "두려워하지 말라"고 말씀하셨습니다.

처음과 마지막이신 예수님이 "처음도 믿고 끝도 믿으라"고 말씀하십니다. 예수님은 믿음의 창시자요 종결자이십니다.

"내가 볼 때에 그의 발 앞에 엎드러져 죽은 자 같이 되매 그가 오른손을 내게 얹고 이르시되 두려워하지 말라. 나는 처음이요 마지막이니 곧 살아 있는 자라. 내가 전에 죽었었노라. 볼지어다, 이제 세세토록 살아 있어 사망과 음부의 열쇠를 가졌노니 그러므로 네가 본 것과 지금 있는 일과 장차 될 일을 기록하라."(계 1:17~19)

하루는 믿음의 친구와 전화 통화를 했는데 그 친구를 통해 성령님께서 내게 두려움을 꾸짖으라고 강력하게 말씀하셨습니다.

"두려워하는 마음은 내가 준 마음이 아니다. 예수 이름으로 명령을 내려라. 두려움을 꾸짖어라."

순간 나는 정신이 번쩍 들었습니다. 한동안 예수 이름으로 명령하는 '명령 기도'를 잊고 두려움에 사로잡혀 있었던 거였습니다. 나는 그 친구를 통해 성령님의 음성을 듣고 '왜 진작 예수 이름을 떠올리지 못했을까?'라는 안타까운 마음만 들었습니다.

나와 당신은 항상 예수 이름으로 깨어 있어야 합니다.

당신도 예수 이름으로 두려움을 향해 또 모든 문제를 향해 명령하십시오. 순간마다 예수 이름으로 명령하는 습관을 가지십시오. 예수 이름을 잊지 말고 습관적으로 산을 향해 명령하십시오. 그러면 하나님의 기적과 은혜를 날마다 체험하게 될 것입니다.

"내가 진실로 너희에게 이르노니 누구든지 이 산더러 들리어 바다에 던져지라 하며 그 말하는 것이 이루어질 줄 믿고 마음에 의심하지 아니하면 그대로 되리라."(막 11:23)

나는 이렇게 예수 이름의 명령 기도를 통해 내 앞에 있는 모든 두려움을 물리치고 계속 성령님의 인도를 받으며 살아왔습니다.

그리고 두려움과 반대되는 행동을 했습니다. 무엇일까요?

잠시 잠깐의 두려운 환경에서 내가 할 수 있었던 것은 말씀 테이프를 듣고 책을 읽으므로 믿음의 끈을 놓지 않으려고 노력한 것이었습니다. 믿음이 가득한 책과 말씀 테이프를 통해 하나님께서는 흔들리는 내 믿음을 굳게 잡아 주셨습니다.

잠깐 믿음이 떨어졌다가도 성령님과 함께 책을 읽는 시간을 통해 다시 꿈과 소원에 대한 확신과 믿음을 주셨기에 절대 포기하지 않았습니다. 정말 하나님께서 은혜로 나를 계속 이끌어 주셨습니다. 그렇게 성령님과 단둘이 앉아서 책을 읽었던 시간들이 내게는 큰 위로였고 믿음의 꿈을 놓지 않는 유일한 방법이었습니다.

처음 하나님께서 내게 꿈과 소원을 주셨을 때 나는 그것을 이루기 위해 내 생각대로 이루려고 무던히 애썼습니다. 그 과정에서 나는 이런 궁금증이 생겼습니다.

'성령님의 음성에 순종하는 내게 왜 하나님은 빨리 모든 것을 넘치게 공급해 주시지 않는 걸까?'

그런데 가만히 보니 복을 주시지 않은 게 아니었습니다.

이미 내게 많은 복을 주셨는데 내가 그것을 알지 못하고 갑자기 하늘에서 뚝 떨어지는 복만 애타게 기다렸던 것입니다.

예수님은 기도하고 구한 것은 받았다고 믿으라고 하셨습니다. 나는 받았다고 믿었습니다. 그런데 그것이 어디에 있을까요? 이미 내 주위에 있습니다. 예수님은 구하기만 하지 말고 한 번 기도하고 구했으면 받았다고 믿고 찾고 두드리라고 말씀하셨습니다.

찾고 두드리는 것이 믿음의 행동입니다.

"구하라, 그리하면 너희에게 주실 것이요. 찾으라, 그리하면 찾아낼 것이요. 문을 두드리라, 그리하면 너희에게 열릴 것이니 구하

는 이마다 받을 것이요. 찾는 이는 찾아낼 것이요. 두드리는 이에게는 열릴 것이니라."(마 7:7~8)

믿음으로만 응답 받는 것이 아닙니다. 믿고 행할 때 응답받습니다. 받았다고 믿고 나무에서 감이 떨어지기를 기다리는 것처럼 가만히 누워만 있으면 안 됩니다. 하나님이 주신 응답을 다른 사람이 임시로 맡고 있으므로 주위에서 찾고 두드려야 합니다.

이것이 기도 응답의 비결입니다. 기도 응답은 애걸함으로 받는 것이 아니라 행함으로 받습니다. '믿고 행함'이 핵심입니다.

아무리 믿음이 커도 행함이 없으면 유익이 없습니다.

"내 형제들아, 만일 사람이 믿음이 있노라 하고
행함이 없으면 무슨 유익이 있으리요.
그 믿음이 능히 자기를 구원하겠느냐?"(약 2:14)

행함이 없는 믿음은 죽은 믿음입니다.

"이와 같이 행함이 없는 믿음은
그 자체가 죽은 것이라."(약 2:17)

당신은 혹시 '죽은 믿음'을 갖고 있지 않습니까?

"어떤 사람은 말하기를 너는 믿음이 있고 나는 행함이 있으니 행함이 없는 네 믿음을 내게 보이라. 나는 행함으로 내 믿음을 네게 보이리라 하리라. 네가 하나님은 한 분이신 줄을 믿느냐? 잘하는도다. 귀신들도 믿고 떠느니라. 아아 허탄한 사람아, 행함이 없는 믿음이 헛것인 줄을 알고자 하느냐? 우리 조상 아브라함이 그 아들 이삭을 제단에 바칠 때에 행함으로 의롭다 하심을 받은 것이 아니냐? 네가 보거니와 믿음이 그의 행함과 함께 일하고 행함으로 믿음이 온전하게 되었느니라. 이에 성경에 이른 바 아브라함이 하나님을 믿으니 이것을 의로 여기셨다는 말씀이 이루어졌고 그는 하나님의 벗이라 칭함을 받았나니 이로 보건대 사람이 행함으로 의롭다 하심을 받고 믿음으로만은 아니니라. 또 이와 같이 기생 라합이 사자들을 접대하여 다른 길로 나가게 할 때에 행함으로 의롭다 하심을 받은 것이 아니냐? 영혼 없는 몸이 죽은 것 같이 행함이 없는 믿음은 죽은 것이니라."(약 2:18~26)

영혼 없는 몸이 시체인 것 같이 행함이 없는 믿음도 시체 믿음입니다. 하나님은 죽은 자의 하나님이 아닌 산 자의 하나님이십니다. 한 번 기도하고 구한 것은 받았다고 믿고 행동해야 합니다.

나는 기도하고 구한 것을 받았다고 믿고 찾기 시작했습니다.

어디에서 그것을 찾아야 할까요? 하나님의 응답은 첫째, 나 자신에게 주어집니다. 그리고 가까운 지인에게 주어집니다. 나아가 세계 70억의 사람들에게 주어집니다. 순서를 기억하십시오.

처음에 나는 나 자신에게서 찾지 않고 주변 사람들한테만 눈을 돌려 찾곤 했습니다. 지금 생각해보면 너무 어처구니없고 황당하기 짝이 없는 일이었습니다. 어떻게 그런 생각을 했는지, 나는 내게 있는 것을 찾으려 하지 않았습니다. 한참의 시간이 지나고 나서야 김열방 목사님의 책을 통해 이해하고 깨닫게 되었습니다.

그것은 부요하신 하나님을 믿고 부요 믿음으로 내게 주신 것을 찾아 하나님의 일에 투자하는 것이었습니다. 나는 그런 하나님의 뜻을 모르고 엉뚱한 곳에서 그 해답을 찾으려고 했다가 실수했습니다. 하지만 그것까지도 모든 것을 합력하여 하나님께서 선을 이루어 주셨습니다. 실수는 했지만 그걸 통해 배우게 되었습니다.

나는 몇 가지 중대한 깨달음을 얻었습니다. 무엇일까요?

첫째, 사람을 바라보거나 의지해서는 안 된다는 것을 깨달았습니다. 둘째, 믿음을 갖고 투자하는 용기를 배우게 되었습니다.

"천국은 마치 밭에 감추인 보화와 같으니 사람이 이를 발견한 후 숨겨 두고 기뻐하며 돌아가서 자기의 소유를 다 팔아 그 밭을 사느니라"(마 13:44)는 말씀처럼 하나님께서는 내게 믿음을 주시고 그 믿음으로 말미암아 감추인 보화를 얻게 하려고 투자하게 하셨습니다. 그렇게 하나님께 투자한 시간과 돈에 손해를 봤을까요? 아닙니다. 눈에 보이지 않는 큰 복으로 이끌어 주셨습니다.

무엇보다 김열방 목사님을 통해 풍성한 말씀을 듣고 온전한 복음이 담긴 책을 읽게 하셨고 전주에 살면서도 서울목자교회 성도로서의 관계가 끊어지지 않도록 하나님의 은혜로 내 자리를 지켜 주셨습니다. 외적으로도 하나님께서 몇 년 전보다 더 풍성한 삶으로 축복해 주셨고 해외에서 근무하는 남편의 건강을 걱정하는 내게 주의 종 김열방 목사님을 통해 "걱정하지 마라. 남편의 건강을 붙들어 주겠다"고 말씀해 주셨습니다.

날마다 나의 수고하고 무거운 짐을 져 주시는 주님 때문에 의성건부지평생이 넘치고 있음을 믿고 하나님께 감사를 드립니다.

이 모든 것이 하나님의 은혜입니다.

도대체 하나님의 때는 언제인가요?

당신은 하나님의 때를 찾고 기다려 보았습니까?

나는 '나를 향한 하나님의 때'를 찾고 기다리며 간절한 마음으로 하나님께 하소연한 적이 있었습니다. 예전에 작은 아파트에 살았는데 더 넓고 쾌적한 곳으로 이사하고 싶은 간절한 소원 때문에 "하나님, 언제예요? 언제쯤이면 제 마음의 간절한 소원과 꿈이 이루어질까요?"라고 물으며 답답한 가슴으로 하나님의 때를 구하고 찾기 시작했던 것입니다. 그런데 이것이 불경죄였습니다.

그렇게 해서는 안 되는 거였습니다. 십자가에서 다 이루신 예수님의 온전한 복음을 믿고 받았다고 믿으며 감사하며 인내해야 하는 거였습니다. "인내를 온전히 이루라. 이는 너희로 온전하고 구비하여 조금도 부족함이 없게 하려 함이라."(약 1:4)

믿음은 곧 인내였습니다. 받았다고 믿고 인내하는 것이 힘들게 느껴져 하나님의 때를 찾았는데 하나님은 성경을 통해 하나님의 때를 정확히 깨닫게 하셨습니다. 하나님의 때는 언제일까요?

"사랑하는 자들아, 주께는 하루가 천 년 같고 천 년이 하루 같다는 이 한 가지를 잊지 말라"(벧후 3:8)

하루가 천 년 같은 분, 천 년이 하루 같은 분이 내가 믿는 하나님이셨습니다. 그러기에 나는 받았다고 믿고 감사하며 인내해야 하는 것이었습니다. 하나님보다 환경이 커 보이고, 현상이 커 보이고, 문제가 커 보이면 받았다고 믿고 인내할 수 없습니다.

어떻게 하면 인내할 수 있을까요?

첫째, 하나님이 '인내의 하나님'이심을 믿으면 됩니다.

하나님께서도 오랜 시간 구약시대에 살았던 선지자를 통해 예수님을 예언하시고 신약시대에 예수님을 보내 주셨습니다. 많은 시간이 흘러 하나님의 때가 되었을 때 예수님이 인간의 몸을 입고 이 땅에 태어나셨습니다. 그리고 예수님은 우리 대신 채찍에 맞으셨고 십자가에서 못 박혀 죽으셨습니다. 그 예수님 덕분에 우리는 의인이 되었고 성령 충만하고 건강하고 부요하고 지혜로운 천재가 되었습니다. 평화와 영원한 생명을 갖게 되었습니다.

둘째, 믿음의 상을 주시는 하나님을 믿어야 합니다.

얼마 전에 카페에서 성령님과 함께 〈성령님과 교제하는 방법〉이란 책을 읽다가 말씀 한 구절에 눈이 꽂히게 되었습니다. 책을 읽으면서 늘 읽었던 말씀, 알고 있었던 말씀이었는데 그날따라 내 마음에 그 말씀이 신선하게 다가왔습니다. 무엇일까요?

"믿음이 없이는 하나님을 기쁘시게 하지 못하나니 하나님께 나아가는 자는 반드시 그가 계신 것과 또한 그가 자기를 찾는 자들에게 상주시는 이심을 믿어야 할지니라."(히 11:6)

이 말씀을 통해 받았다고 믿고 인내하는 자에게 믿음의 상을 주시는 하나님을 다시 한 번 생각하게 되었습니다.

나는 내게 주신 꿈과 소원을 확신하고 소망을 가집니다.

믿음의 상을 주시는 하나님께 감사드립니다.

당신은 하나님이 주신 복을 누리며 살고 있는가?

당신은 하나님이 주신 복을 누리며 살고 있습니까?

나는 하나님께서 주신 꿈을 이루기 위해 순종하려고 노력했습니다. 순종하는 중에도 두려웠지만 무조건 먼저 순종하고 그 다음에 다른 문제를 생각했습니다. 두렵다고 순종 안 할 수도 없었습니다. 하여튼 순종을 해야 마음이 편했기에 순종부터 했습니다.

이것이 하나님의 은혜였습니다. 그리고 하나님께 맡겼습니다.

그 결과 하나님께서 복을 주셨는데 간절히 바랐던 이사를 하게 되었습니다. 남편을 더 좋은 직장으로 옮겨 주시면서 내가 생각했던 것보다 훌륭한 집을 그 해에 함께 선물로 주셨습니다.

우리 집이 더 넓고 쾌적한 아파트로 이사하는 동시에 남편은 새로운 직장으로 옮겨졌고 일주일 만에 남편은 인도로 가게 되었습니다. 내게는 놀라운 하나님의 은혜였고 극적인 인도하심이었습니다. 하나님께서 남편을 더 좋은 직장으로 인도하셔서 간절히 원했던 이사를 할 수 있도록 도와주신 것입니다. 전적인 하나님의 은혜였습니다. 하나님의 은혜가 아니었다면 도저히 이사할 수 없는 상황이었는데 하나님께서 남편의 직장을 옮겨 주시면서 이사에 대한 꿈을 하루 만에 다 이루어 주신 것이었습니다.

놀라우신 나의 하나님께 억만 번이나 감사드립니다.

얼마 전에 김열방 목사님과 김사라 사모님께서 이사한 우리 집에 심방을 오셨습니다. 그때 요셉에 대한 말씀을 주셨습니다.

"여호와께서 요셉과 함께 하시므로 그가 형통한 자가 되어 그의 주인 애굽 사람의 집에 있으니……. 그가 요셉에게 자기의 집과 그의 모든 소유물을 주관하게 한 때부터 여호와께서 요셉을 위하여 그 애굽 사람의 집에 복을 내리시므로 여호와의 복이 그의 집과 밭에 있는 모든 소유에 미친지라."(창 39:2~5)

나는 '기도 응답으로 하나님께서 내가 생각했던 것보다 훌륭한 집을 주셨구나'라고 생각했지만 요셉처럼 나를 위해 하나님께서 복을 주셨다고는 깊이 생각하지 않았습니다. 그저 해외에서 고생하며 일하는 남편을 생각하며 '남편 때문에 내가 이렇게 좋은 집을 누리며 살고 있구나'라고 생각할 때가 많았습니다. 그런 내가 김열방 목사님의 설교를 들으며 큰 깨달음을 얻은 것입니다.

"여호와께서 보디발을 위하여 복을 주셨다"가 아닙니다.

"여호와께서 요셉을 위하여 복을 주셨다"입니다. 물론 부부는 한 몸이긴 하지만 그래도 하나님은 특별히 온전한 복음을 깨닫고 누리는 나를 위하여 이런 큰 복을 주셨던 것입니다.

사실 나는 요셉을 위해 복을 주신 하나님의 큰 은혜를 깨닫지 못하고 고생하는 남편 때문에 내가 이렇게 복을 받고 있다는 생각을 많이 했습니다. 그런데 그날 나는 하나님의 말씀을 통해 확실히 깨닫게 되었습니다. 해외에서 고생하며 일하는 남편 때문에 내가 복을 받는 것이 아니라 나를 위해서 하나님께서 남편에게 복을 주셨고 가정에 복을 주셨다는 것입니다. 놀랍지 않습니까?

김열방 목사님은 "그러므로 남편이 아닌 나 때문에 하나님께서 복을 주셨다고 생각하고 성령님, 행복합니다. 성령님, 행복합니다"라고 말하면서 살면 된다고 말씀하셨습니다. 나 한 사람 때문에 하나님께서 온 집안에 복을 주셨다는 것입니다. 나는 예수님 한 분으로 온 인류의 죄가 해결됐듯이 나 한 사람 때문에 하나님께서 온 집안에 복을 주셨다는 큰 깨달음을 얻었습니다.

이러한 깨달음은 1억, 10억보다 귀한 것입니다. 이러한 깨달음이 없으면 내 자존감과 가치는 밑바닥을 쳤을 것입니다. 이러한 깨달음을 얻는 순간 내 자존감과 가치는 아주 높아졌습니다.

"내 안에 실제로 살아 계신 예수님, 그분을 모시는 나 이숙경."

나 때문에 하나님께서 남편에게 좋은 직장을 주셨고 백배의 수입을 주셨습니다. 또한 훌륭한 집을 주셨습니다. 지금은 천배의 복을 받았다고 믿고 기다리고 있습니다. 그리고 성령님의 음성에 순종하여 먼저 그의 나라와 그의 의를 구하면서 이렇게 성령님과 함께 복음을 전하는 귀한 책을 쓰고 있습니다.

내게 진짜 귀하고 큰 복은 내가 예수님을 믿고 구원 받았다는 것입니다. 내가 하나님의 자녀가 됐다는 복이 가장 크고 귀한 복이라는 것을 나는 잘 알고 있습니다. 하지만 거기에서 머물면 안 됩니다. 이 복음을 온 천하 만민에게 전해야 합니다. 그렇게 복음을 전하기 위해서는 백배의 복도 받아야 하고 천배의 복도 받아야 한다고 믿습니다. 나는 언제부터인가 주변 사람들에게 하나님의 복을 받아 잘 사는 모습을 보여 주고 싶다는 소원이 있었습니다.

왜일까요? 복음 때문입니다.

그리고 이러한 하나님의 복과 은혜가 마치 나의 부끄러움을 씻겨 주는 듯한 마음도 들어 하나님께 더욱 감사합니다. 나는 몇 년 전에 오직 예수님께서 나의 모든 죄목병가어징죽을 십자가에서 다 담당하셨고 믿음으로 성령 충만하고 "죄인이 아닌 의인이다"라는 복음이 좋아 잠실로 이사 갈 거라고 주변 사람들에게 말한 적이 있었습니다. 복음을 전하는 교회가 잠실에 있었기 때문에 잠실로 가는 것이 나의 간절한 소원이었기 때문입니다.

그런데 그렇게 말한 것이 화근이 되어 마음이 힘든 적도 있었고 금방 바뀌지 않는 환경을 보면서 낙심에 빠져 고통스런 시간을 보내기도 했습니다. 그래서 주변 사람들에게 부끄러움을 당한 것 같은 수치스러운 마음이 있었습니다. 하지만 지금은 모든 것을 합력하여 선을 이루어 주시는 하나님의 은혜로 가족들을 먼저 복음으로 변화시키시는 하나님의 큰 은혜를 기대하고 있습니다.

예수님이 아무리 큰 꿈과 소원이라도 한 번 기도하고 구했으면 받았다고 믿으라고 말씀하셨습니다. "내 이름으로 무엇이든지 기도하고 구한 것은 받은 줄로 믿으라. 그러면 그대로 될 것이다."

심방 받는 날, 김열방 목사님께서 말씀하셨습니다.

"지금부터가 시작입니다. 더 큰 꿈을 가지세요."

맞습니다. 지금부터가 시작입니다. 나는 온전한 복음을 깨닫고 믿는 내가 잘 살아야 한다는 생각을 했습니다. 지지리 궁상떨며 복음을 전하는 것보다 하나님의 자녀로서 부요하게 살면서 복음을 전하고 싶었기 때문입니다. 하나님께서는 먼저 복음을 깨닫고 믿는 내게 요셉처럼 나를 위해서 복을 주셨습니다.

그 이유가 있습니다. 무엇일까요?

첫째, 내가 하나님의 자녀이기 때문입니다. 예수님의 피가 성령으로 말미암아 내 안에 흐르고 있음을 나는 믿습니다. 오직 예수님의 피만이 온 인류의 죄 문제를 해결합니다. 나와 당신의 죄 문제는 오직 예수님의 피만이 해결할 수 있습니다. 그 예수의 피로 말미암아 우리가 죄인에서 의인으로 바뀌기 때문입니다.

둘째, 예수님이 십자가에서 나의 가난의 저주를 다 해결했다는 복음을 믿었기 때문입니다. "우리 주 예수 그리스도의 은혜를 너희가 알거니와 부요하신 이로서 너희를 위하여 가난하게 되심은 그의 가난함으로 말미암아 너희를 부요하게 하려 하심이라"(고후 8:9)고 했습니다. 예수님께서 나의 가난의 저주를 십자가에서 다 담당하셨으므로 나는 당연히 부요하게 살아야 합니다.

셋째, 내가 순종했기 때문입니다. 나는 조용히 가만히 앉아서 살림만 하는 것이 불안했습니다. 하나님을 믿고 잠잠히 기다리는 것들이 힘들게 느껴져 일을 찾아 바깥으로 나가고 싶은 마음이 들 때가 불쑥불쑥 많았습니다. 결국에는 뼈아픈 깨달음을 통해 내가 있는 자리에서 하나님을 믿고 기다리는 것이 내가 해야 할 일이라는 것을 깨닫게 되었습니다. 하나님의 일은 무엇일까요? 내가 땀 흘리며 분주하게 돌아다니는 것이 아닙니다. 믿는 것입니다.

"하나님이 보내신 자를 믿는 것이 하나님의 일이다."(요 6:29)

하나님은 당신이 하루 종일 분주하게 돌아다니며 당신의 피와 땀과 눈물을 흘리기를 기뻐하지 않으십니다. 일을 하지 말라는 것이 아닙니다. 성령님의 인도하심을 따라 일하라는 것입니다.

하나님이 당신에게 진정으로 원하시는 것은 '믿음'입니다. 그분은 예수님이 당신 대신 피와 땀과 눈물을 흘리신 것을 믿기 원하십니다. 예수님이 다 이루신 것을 믿는 것이 하나님의 일입니다.

인생은 믿음으로 시작해서 믿음으로 끝나야 합니다.

"나의 의인은 믿음으로 말미암아 살리라. 또한 뒤로 물러가면 내 마음이 저를 기뻐하지 아니하리라 하셨느니라."(히 10:38)

당신도 끝까지 하나님의 말씀을 믿고 의지해야 합니다.

나는 다시 정신을 차리고 내가 있는 이 자리에서 나의 모든 큰 꿈과 작은 소원을 이미 다 이루신 예수님을 완전히 믿고 있습니다.

넷째, 내가 하나님의 은혜로 말미암아 이미 요셉처럼 형통한 자가 되었기 때문입니다. 성경은 "하나님께서 요셉과 함께 하시므로 요셉이 형통한 자가 되었다"고 했습니다. 심방을 받은 날, 김열방 목사님을 통해 하나님께서 내게 예언의 말씀을 주셨습니다.

"내가 너와 함께하고 있다."

나는 하나님께서 요셉과 함께 하시므로 형통한 자가 되었다는 말씀과 요셉을 위해 모든 소유에 복을 주셨다는 성경 말씀을 주목해서 보았습니다. 요셉은 겉으로 볼 때 비록 노예 생활을 하는 비참한 인간이었지만 내면은 하나님께서 함께 하시는 하나님의 사람이었습니다. 그래서 요셉 때문에 애굽의 보디발 장군의 모든 소유에 하나님의 복이 임했던 것이었습니다. 요셉은 형통한 자였지만 여전히 노예 생활을 해야 했습니다. 그리고 누명을 쓰고 답답한 감옥 생활도 해야 했습니다. 하지만 하나님께서 요셉과 계속 함께 하셨으므로 요셉은 감옥에서 나와 애굽의 국무총리가 되었습니다. 결국 하나님께서 요셉의 꿈을 다 이루어 주셨습니다.

"내가 또 꿈을 꾼즉, 해와 달과 열한 별이 내게 절하더이다."(창 37:9)라는 과거형, 현재 완료형의 '믿음의 꿈'이 현상으로 나타났습니다. 요셉은 '막연한 소망의 꿈'이 아닌 '확실한 믿음의 꿈'을 꾸었던 것입니다. 믿음의 꿈은 무엇일까요? 시간과 공간을 초월해서 성령 안에서 모든 꿈이 다 이루어졌다고 믿는 것입니다.

"기도하고 구하는 것은 받은 줄로 믿으라."(막 11:24)

요셉과 함께 하셨던 하나님께서 나와 당신과 함께 하시므로 우리는 이미 형통한 자가 되었습니다. 요셉의 꿈과 소원을 이루어 주신 하나님께서 우리의 모든 꿈과 소원을 이루어 주십니다.

"내 이름으로 무엇이든지 내게 구하면 내가 행하리라."(요 14:14)

무엇이든지 구하면 하나님께서 응답하십니다. 이 말씀을 믿고 용기를 내어 무엇이든지 구하십시오. 예수님이 나와 당신의 전부이심을 믿으십시오. 오직 그분만이 우리의 죄와 모든 저주를 해결하신 분이기 때문입니다. 예수님을 믿으십시오.

하나님은 당신에게 세트로 복을 주신다

나는 하나님을 만나고 평생 호강하며 산다

당신은 평생 호강하며 삽니까?

나는 예수님 때문에 평생 호강하며 삽니다.

호강이란 '호화롭고 편안한 삶을 누린다'는 말입니다.

나는 평생 죄와 저주 가운데 비참한 인생을 살게 될 줄 알았는데 하나님께서 찾아와 나를 구원해 주시므로 하나님의 자녀가 되었습니다. 하나님과 함께 모든 것을 편안하게 누리며 천국같이 살다가 천국으로 가는 행복한 인생을 살게 되었습니다.

나는 평생 결혼도 못하고 혼자 살 줄 알았는데 결혼하여 자녀도 낳고 행복한 믿음의 가정을 이루었습니다. 나는 평생 책을 한

권도 못 쓸 줄 알았는데 천재적인 지혜가 나타나 수십 권의 책을 썼고 지금도 계속 책을 쓰며 천재적인 삶을 살게 되었습니다.

나는 평생 미련하고 어리석고 사람들에게 휘둘리며 살 줄 알았는데 하나님이 세우신 가장 좋은 학교인 열방신학대학을 졸업하고 열방신학대학원도 입학하여 주의 종의 길을 가게 되었습니다.

나는 평생 빌리고 구걸하고 하루 벌어 하루 먹고 사는 가난하고 궁상떠는 인생을 살게 될 줄 알았는데 억만장자의 부가 나타나 베풀고 꾸어 주고 나누어 주고 도와주는 부요한 인생을 살게 되었습니다. 또한 평생 노예와 하녀처럼 뼈 빠지게 일하고 고생만 할 줄 알았는데 잠을 푹 자고 창밖을 바라보며 생각하고 여유 있게 산책하고 모든 것을 즐기는 럭셔리한 인생을 살게 되었습니다.

나는 평생 빌빌거리고 연약하고 아픈 인생을 살게 될 줄 알았는데 젊고 건강하고 튼튼하고 에너지가 넘치는 활기찬 인생을 살게 되었습니다. 나는 평생 저주와 징계에 대한 두려움에 잡혀 아무것도 못하고 살 줄 알았는데 말할 수 없는 평강 속에 모든 것을 편안하게 누리며 저절로 잘되는 인생을 살게 되었습니다.

나는 평생 다른 사람의 눈치만 보다 아무것도 못하고 인생을 마칠 줄 알았는데 하고 싶은 것을 마음껏 다하는 즐겁고 신나는 인생을 살게 되었습니다. 나는 평생 우울하고 고독하고 쓸쓸하게 살 줄 알았는데 만족, 기쁨, 행복이 철철 흘러넘치는 황홀한 인생을 살게 되었습니다. 나는 하나님을 만나 큰 기적을 경험했고 평생 호강하며 살게 되었습니다. 모든 것이 하나님의 은혜입니다.

"내가 나 된 것은 하나님의 은혜로 된 것이니."(고전 15:10)

하나님께서 내게 수많은 꿈과 소원을 불어 넣어 주셨고 또 온 갖 구하는 것이나 생각하는 것에 더 넘치게 이루어 주셨습니다. 하나님께서 세트로 축복해 주시고 세트로 응답해 주시고 세트로 은혜를 베풀어 주시고 세트로 기적을 베풀어 주셨습니다.

나는 날마다 행복에 푹 젖어 이렇게 말합니다.

"하나님의 은혜가 너무나 큽니다. 하나님과 함께 평생 호강하며 살게 하시니 억만 번이나 감사합니다."

하나님은 꿈을 주시고 꿈을 이루어 주신다

하나님은 꿈을 주시고 꿈을 이루어 주시는 분이십니다.

"하나님이 가라사대 말세에 내가 내 영으로 모든 육체에 부어 주리니 너희의 자녀들은 예언할 것이요 너희의 젊은이들은 환상을 보고 너희의 늙은이는 꿈을 꾸리라."(행 2:17)

나는 많은 꿈과 소원이 이루어진 뒤 "이 정도면 됐어. 만족해" 라며 현실에 안주하려 했는데 예수님께서 정신없이 고기를 잡던 어부 베드로를 부르신 것처럼 나를 불러내셨습니다.

"아니야. 그 정도 꿈으론 안 돼. 더 큰 꿈을 가져. 나를 따라와.

내가 너를 나의 입이 되게 해서 온 천하 만민에게 복음이 전파되게 하겠다. 너는 수만 명 앞에서 말씀을 전하게 될 거야. 너는 나의 입이고 나의 손이야. 내가 너로 전도자가 되게 하겠다.”

"나를 따라오라. 내가 너희를 사람을 낚는
어부가 되게 하리라.”(마 4:19)

"너희는 온 천하에 다니며 만민에게
복음을 전파하라.”(막 16:15)

하나님께서 주의 종 김열방 목사님을 통해 말씀하셨습니다.
"내가 너를 나의 종으로 불렀으니 너는 전국과 세계를 다니며 말씀을 전파하게 되리라.”
하나님께서 아주 크고 황당한 꿈을 내게 '훅' 하고 불어 넣어 주셨습니다. 그 뒤로 내 영과 마음과 몸이 열정으로 불타올랐습니다. 하나님께서 주신 꿈은 내 인생 전부를 흔들었습니다.
하나님께서 내게 성경 말씀을 떠올려 주셨습니다.

"여호와께 능치 못할 일이 있겠느냐?”(창 18:14)

"사람으로는 할 수 없으나
하나님으로서는 다 하실 수 있느니라.”(마 19:26)

"나를 믿는 자는 나의 하는 일을 저도 할 것이요 또한 이보다 큰 것도 하리니 이는 내가 아버지께로 감이니라."(요 14:12)

나는 하나님께서 베푸신 크신 은혜에 감사하는 마음으로 "죽으면 죽으리라. 모든 것을 주님께 맡기고 주님만 믿고 따라갑니다. 저를 마음껏 사용해 주세요"라고 고백했습니다.

주일 예배 시간에 김열방 목사님께서 말씀하셨습니다.

"성령의 바람이 불고 있습니다. 하나님께 더 큰 것을 사모하고 구하십시오. 그리고 하나님의 부르심에 대해 기름 부음이 나타나기를 위해 기도하세요."

나는 하나님께 기도했습니다.

"주님, 저는 제 힘으로 살아갈 수 없습니다. 주님의 권능으로 살게 해주세요. 갑절의 영감, 갑절의 능력을 주세요. 더 큰 지혜가 필요합니다. 말씀을 잘 전하고 가르치기 위한 기름 부음을 사모합니다. 가르침을 위한 깨달음을 주세요. 그림자만 밟아도 옷깃만 스쳐도 손만 대도 병이 낫고 귀신이 떠나가게 해주세요. 말씀을 듣는 중에, 찬양을 부를 때 병이 낫고 귀신이 떠나가게 해주세요. 세계적인 복음 전도와 어마한 큰 부흥이 있게 해주세요."

하나님은 구하는 자에게 지혜와 능력을 주신다고 했습니다.

당신도 지혜와 능력을 구하기 바랍니다.

"너희 중에 누구든지 지혜가 부족하거든 모든 사람에게 후히 주시고 꾸짖지 아니하시는 하나님께 구하라. 그리하면 주시리라. 오

직 믿음으로 구하고 조금도 의심하지 말라."(약 1:5~6)

"여호와와 그의 능력을 구할지어다.
그의 얼굴을 항상 구할지어다."(시 105:4)

예전에 나는 하나님께 여쭈었습니다.
"주님, 많은 영혼을 구원하고 복음을 전하려면 돈도 많이 벌어야 하고 건물과 땅도 사야 하는데 어떻게 하나요?"
하나님께서 말씀하셨습니다.
"그런 건 내가 더해 줄게. 더해 주는 것에 목숨 걸지 마라. 돈, 건물, 땅은 그냥 줄게. 하루 만에 다 줄게."

"너희는 먼저 그의 나라와 그의 의를 구하라.
그리하면 이 모든 것을 너희에게 더하시리라."(마 6:33)

"나의 하나님이 그리스도 예수 안에서 영광 가운데
그 풍성한 대로 너희 모든 쓸 것을 채우시리라."(빌 4:19)

성경 말씀에 보면 예수님은 열두 제자를 세우셨습니다.

"또 산에 오르사 자기가 원하는 자들을 부르시니 나아온지라. 이에 열둘을 세우셨으니 이는 자기와 함께 있게 하시고 또 보내사 전도도 하며 귀신을 내쫓는 권능도 가지게 하려 하심이러라."(막

3:13~15)

예수님께서 열두 제자를 세우셨는데 첫 번째 목적은 예수님과 함께 하기 위해서였습니다. 두 번째는 전도하고, 세 번째는 귀신을 내쫓기 위해서였습니다. 이 세 가지를 꼭 기억하십시오.

인생의 우선순위는 하나님과 함께하는 것입니다. 변함없이 하나님을 경외해야 합니다. 하나님께 예배해야 합니다. 하나님과 교제해야 합니다. 하나님께 기도하고 예배하는 것은 무엇과도 타협하면 안 됩니다. 경외란 '두려워한다. 사랑한다. 순종한다. 존중한다'는 뜻입니다. 당신 안에 실제로 살아 계신 성령님을 존중히 모시고 의지하며 그분과 함께 살아야 합니다.

"여호와를 경외하는 것이 지혜의 근본이요
거룩하신 자를 아는 것이 명철이니라."(잠 9:10)

성령님을 의지한다는 것은 성령님께 작은 일이든 큰일이든 무엇이든 묻고 그대로 순종하는 것입니다. 성령님께 묻지 않으면 실수하고 문제가 터지고 혼란이 옵니다. 성령님은 모든 것을 다 아시는 전지전능한 분이십니다. 성령님을 의지하는 것이 지혜입니다. 성령님께 물을 때도 구체적으로 '누구와, 언제, 어디서, 무엇을, 어떻게, 왜'라고 물으십시오. 그러면 성령님께서 구체적으로 대답해 주십니다. "성령님, 어떻게 할까요?"

당신은 예수님을 구주로 믿습니까? 이 땅에서 아무리 잘나고 똑똑하고 예쁘고 다 가졌어도 영혼이 구원받지 못해 지옥에 간다면 가진 모든 것이 무슨 소용이 있겠습니까? 지옥은 구더기도 영원히 죽지 않고 날마다 억만 배나 고통을 받는 곳입니다.

지금 나를 따라 말하십시오.

"나는 예수님을 나의 구주로 믿습니다. 아멘."

"마음으로 믿어 의에 이르고
입으로 시인하여 구원에 이르느니라."(롬 10:10)

당신이 예수님을 구주로 믿는 순간 모든 죄를 사함 받고 성령으로 거듭나 하나님의 자녀가 되었습니다. 당신의 이름이 하늘나라 생명책에 기록되어 있으며 천국에 넉넉히 들어갑니다. 천국 시민이 되었습니다. 예수님께서 당신의 모든 죄와 저주를 짊어지고 십자가에서 피와 땀과 눈물을 흘리며 죽으셨습니다. 예수님을 믿음으로 말미암아 모든 죄와 저주가 다 사라졌습니다. 당신은 의, 성령 충만, 건강, 부요, 지혜, 평화, 생명을 얻게 되었습니다.

지금 예수님의 영이신 성령님께서 당신 안에 실제로 살아 계십니다. 예수님을 모신 당신은 이 땅에서 어떻게 살아야 할까요?

하나님을 경외하고 주일을 지켜라

하나님을 경외하십시오. 주일을 거룩히 지키십시오.

주일 예배를 가장 귀하게 여겨야 합니다. 주일 예배는 성령의 나타남이 백배 이상으로 강하게 나타납니다. 주일은 일하지 말고 교회에 나가 예배하고 푹 쉬십시오.

며칠 전 주일 예배 시간에 김열방 목사님께서 성도들에게 앞으로 나와 안수를 받으라고 말씀하셨습니다. 나는 안수를 받았습니다. 목사님께서 내 머리에 손을 얹고 기도해 주셨습니다.

"네가 큰일을 행하겠고 반드시 승리를 얻으리라. 백배, 천배의 복을 주겠노라. 네게 큰 믿음을 주었노라."

"네가 큰일을 행하겠고 반드시 승리를 얻으리라."(삼상 26:25)

나는 "아멘" 했습니다. 나는 안수 기도를 귀하게 여깁니다. 안수 기도를 통해 하나님의 음성을 들을 수 있고 하나님의 마음과 사랑을 느낄 수 있기 때문입니다. 그날 찬양하는 가운데 성령님의 만지심으로 내 눈에서 뜨거운 눈물이 흘러내렸습니다. 또 가족을 위해 기도할 때 가족을 사랑하시는 성령님의 마음이 느껴졌고 성령님께서 내 눈을 통해 눈물을 흘리셨습니다. 나는 주일 예배를 귀하게 여깁니다. 찬양하는 것을 귀하게 여기고 기도하는 것과 말씀을 듣는 것, 안수 기도 받는 것을 귀하게 여깁니다.

당신도 주일에 예배하고 기도하고 찬양하고 말씀을 듣고 안수 기도 받는 것을 사모하고 귀하게 여기십시오. 하나님께서 정하신 날인 안식일을 기억하여 거룩히 지켜야 합니다.

주일에는 모든 일을 멈추고 예배해야 합니다. 하나님께 예배하고 찬양하는 것이 인간의 본분입니다. 주일에 예배하고 쉬어도 하나님께서 복에 복을 더하여 주십니다.

하나님을 경외하고 안식일을 거룩히 지키십시오.

"일의 결국을 다 들었으니 하나님을 경외하고 그 명령을 지킬지어다. 이것이 사람의 본분이니라."(전 12:13)

"만일 안식일에 네 발을 금하여 내 성일에 오락을 행치 아니하고 안식일을 일컬어 즐거운 날이라 여호와의 성일을 존귀한 날이라 하여 이를 존귀히 여기고 네 길로 행치 아니하며 네 오락을 구치 아니하며 사사로운 말을 하지 아니하면 네가 여호와의 안에서 즐거움을 얻을 것이라. 내가 너를 땅의 높은 곳에 올리고 네 조상 야곱의 업으로 기르리라. 여호와의 입의 말이니라."(사 58:13~14)

그리고 부요 믿음으로 십분의 일 또는 오분의 일을 먼저 하나님께 드리고 드린 만큼 떼어 저축하면 평생 억만장자의 부를 누리며 살 수 있습니다. 하나님께서 재물을 쏟아 부어 주십니다.

"만군의 여호와가 이르노라. 너희의 온전한 십일조를 창고에 들여 나의 집에 양식이 있게 하고 그것으로 나를 시험하여 내가 하늘 문을 열고 너희에게 복을 쌓을 곳이 없도록 붓지 아니하나 보라."(말 3:10)

"이는 나를 사랑하는 자가 재물을 얻어서
그 곳간에 채우게 하려 함이니라."(잠 8:21)

큰 꿈과 소원 목록을 적으면 그대로 된다

큰 꿈과 소원을 종류별로 적으십시오.

하나님의 자녀로 풍성히 누리고 수많은 영혼을 구원하기 위해 큰 꿈과 소원을 가지십시오. 세상에서 가장 가치 있는 일은 영혼을 구원하는 일입니다. 하나님의 스케일은 온 천하 만민입니다.

모든 사람이 구원받는 것이 하나님의 뜻입니다. 억만 배나 고통스러운 지옥에는 단 한 명도 가면 안 되는 곳이고 영원히 행복한 천국은 한 명도 빠짐없이 가야 하는 곳입니다. 전도자로 오신 성령님과 동업하여 영혼 구원에 대한 큰 꿈을 가지십시오.

"네 입을 크게 열라. 내가 채우리라."(시 81:10)

"내게 구하라. 내가 열방을 유업으로 주리니
네 소유가 땅 끝까지 이르리로다."(시 1:8)

노트를 꺼내 아무것도 제한하지 말고 꿈과 소원 목록을 종류별로 구체적으로 적어 보십시오. 구한 것을 적어 놓고 모두 하나님께 맡기면 하나님께서 다 이루어 주십니다. 당신이 얻지 못함은 구하지 않았기 때문입니다. 십계명을 어기는 죄만 아니면 무엇이든 구하십시오. 하나님께서 다 이루어 주십니다.

"너희가 얻지 못함은 구하지 아니함이요."(약 4:2)

"무엇이든지 기도하고 구하는 것은 받은 줄로 믿으라.
그리하면 너희에게 그대로 되리라."(막 11:24)

"너희가 내 이름으로 무엇을 구하든지 내가 행하리니 이는 아버지로 하여금 아들로 말미암아 영광을 받으시게 하려 함이라. 내 이름으로 무엇이든지 내게 구하면 내가 행하리라."(요 14:13~14)

인생은 정말 꿈대로 믿음대로 다 됩니다.
〈비행기 믿음을 가지라〉, 〈꿈과 소원 목록을 적으면 그대로 된다〉 책을 꼭 읽어보십시오. 내용이 정말 좋습니다.
하나님께서 손가락 까딱하시면 하루 만에 집도 주시고 하루 만에 1억, 10억, 100억도 주시고 하루 만에 땅도 주시고 하루 만에 병도 고쳐 주시고 하루 만에 기적을 베풀어 주십니다. 기도하고 구한 것은 받았다고 믿고 감사만 하십시오. 모든 것을 전능하신 하나님의 손에 맡기고 하나님과 연애하며 행복하게 사십시오.
꿈을 주시는 분도 하나님이시고 꿈을 이루어 주시는 분도 하나님이십니다. 꿈을 바라보지 말고 하나님만 바라보며 행복하게 살면 하나님의 때에 하나님의 방법과 부요함으로 모든 것을 기적적으로 다 이루어 주십니다. 그러니 조급해 하거나 서두르지 말고 잠잠히 참아 기다리며 하나님과 연애하며 행복하게 사십시오.

"또 여호와를 기뻐하라. 저가 네 마음의 소원을 이루어 주시리로다. 너의 길을 여호와께 맡기라. 저를 의지하면 저가 이루시고 네 의를 빛같이 나타내시며 네 공의를 정오의 빛같이 하시리로다. 여호와 앞에 잠잠하고 참아 기다리라. 자기 길이 형통하며 악한 꾀를 이루는 자를 인하여 불평하여 말지어다."(시 37:4~7)

성령님의 인도하심을 따라 살라

성령님의 인도하심을 따라 사십시오.

하나님의 자녀는 혈통, 육정, 사람의 뜻이 아닌 성령님의 인도를 따라 살아야 합니다. 사람은 당신을 도울 힘이 없습니다.

도울 힘이 없는 사람을 의지하면 흔들리지만 큰 도움, 큰 공급자, 큰 방패이신 하나님만 의지하면 평생 흔들리지 않습니다.

사람을 의지하지 말고 오직 하나님만 의지하십시오.

"귀인들을 의지하지 말며 도울 힘이 없는 인생도 의지하지 말지니 그의 호흡이 끊어지면 흙으로 돌아가서 그 날에 그의 생각이 소멸하리로다. 야곱의 하나님을 자기의 도움으로 삼으며 여호와 자기 하나님에게 자기의 소망을 두는 자는 복이 있도다."(시 146:3~5)

꼭 필요한 만남만 가지고 오직 복음을 전하기 위해 사람을 만나십시오. 먹는 것에 목숨 걸지 마십시오. 먹는데 욕심내어 과식하면 몸이 더 피곤해집니다. 몸을 잘 관리해야 건강한 몸으로 100세, 200세까지 살며 복음을 전할 수 있습니다. 접대하고 접대 받는 것과 먹는 것에 자유하십시오. 소박하고 심플하게 사십시오.

무엇이든 주인이신 성령님께 묻고 성령님께서 하라고 하실 때만 하십시오. 성령님의 음성에 순종하여 만나라고 하시면 만나십시오. 만나지 말라고 하시면 만나지 마십시오. 밥을 사라고 하시면 사십시오. 사지 말라고 하시면 살 계획을 세우지 마십시오.

밥을 얻어먹으라고 하시면 얻어먹고 그렇지 않으면 얻어먹을 계획을 아예 세우지 말기 바랍니다. 접대하고 접대 받는 일에 자유로우면 말씀이 살아 움직이고 성령님의 인도를 받기가 쉬워집니다. 사람을 만날 때, 어떤 일을 할 때 성령님께 꼭 물으십시오.

"성령님, 만날까요? 말까요?"
"성령님, 어떻게 할까요?"

성령님의 음성을 따라 살며 그분의 음성에 순종하십시오.
의와 평강을 따라 사십시오. 성령을 따라 사십시오.

"영접하는 자 곧 그 이름을 믿는 자들에게는 하나님의 자녀가 되는 권세를 주셨으니 이는 혈통으로나 육정으로나 사람의 뜻으로 나지 아니하고 오직 하나님께로서 난 자들이니라."(요 1:12~13)

"하나님의 나라는 먹는 것과 마시는 것이 아니요
오직 성령 안에서 의와 평강과 희락이라."(롬 14:17)

기도해 주고 말씀을 전해 주는데 힘써라

가장 좋은 접대는 기도해 주고 말씀을 전해 주는 것입니다. 성령이 임한 사람은 오로지 기도하고 말씀을 전하는 일에 힘써야 합니다. 오직 복음을 전하기 위해서만 사람을 만나십시오.

"오직 성령이 너희에게 임하시면 너희가 권능을 받고
예루살렘과 온 유대와 사마리아와 땅 끝까지 이르러
내 증인이 되리라 하시니라."(행 1:8)

사람들이 자급자족하게 하고 하나님만 바라보게 도우십시오.
돈이 있다고 들떠서 여기저기 돌아다니거나 엉뚱한 일에 힘쓰지 말고 기도하고 말씀을 전하는 일에 힘쓰기 바랍니다.
하루는 성령님께서 내게 말씀하셨습니다.
"다른 데 힘쓰지 말고 기도하고 말씀을 전하는 데 힘써라."
사람에게 기대하거나 무엇인가 얻어먹으려는 마음을 내려놓으십시오. 사람에게 접대하고 접대 받는 일은 졸업하기 바랍니다. 그러면 사람에게 매이지 않고 행복해지고 자유로워지게 됩니다.
밤낮 돌아다니며 접대 안 해도 됩니다. 접대 안 받아도 됩니다.

성령님께 묻고 그분이 접대하라고 지시하실 때만 하십시오. 그 외에는 마음을 가라앉히고 가만히 있으십시오.

먹고 마시는 일에 대해 하나님 앞에서 자급자족하십시오. 그러면 정말 자유롭고 행복합니다. 밤낮 접대하고 접대 받기 위해 돌아다니면 시간과 마음이 다 빼앗겨 인생이 껍데기 밖에 안 남습니다. 먹기를 탐하지 말고 준다고 함부로 얻어먹지 말기 바랍니다.

사람을 변화시키는 것은 기도와 말씀입니다. 오직 복음의 능력입니다. 한 마디 말씀을 듣고도 인생이 완전히 변화됩니다.

집에서 식사하기 바랍니다. 집 밥을 좋아하기 바랍니다.

"그때에 제자가 더 많아졌는데 헬라파 유대인들이 자기의 과부들이 그 매일 구제에 빠지므로 히브리파 사람을 원망한대 열두 사도가 모든 제자를 불러 이르되, 우리가 하나님의 말씀을 제쳐 놓고 공궤를 일삼는 것이 마땅치 아니하니 형제들아, 너희 가운데서 성령과 지혜가 충만하여 칭찬 듣는 사람 일곱을 택하라. 우리가 이 일을 저희에게 맡기고 우리는 기도하는 것과 말씀 전하는 것을 전무하리라 하니."(행 6:1~4)

예수 이름으로 악한 마귀를 대적하라

예수 이름으로 악한 마귀를 대적하십시오.

우리가 하나님의 자녀로 풍성하고 행복한 삶을 사는데 방해하는 세력이 사탄, 마귀입니다. 악한 마귀는 거짓말로 속입니다. 마귀에게 틈을 주지 마십시오. 마귀는 생각을 통해 옵니다. 생각이 잡히면 마귀의 종이 됩니다. 마귀는 거짓말로 속여 죄, 목마름, 병, 가난, 어리석음, 징계, 죽음의 저주 받은 삶을 살게 합니다.

루시엘은 사탄, 마귀입니다. 루시엘은 하나님 옆에서 찬양하던 천사였습니다. 루시엘이 마음속에 반역하고자 하는 나쁜 생각을 하니 전지하신 하나님께서 알고 쫓아내셨습니다. 땅으로 쫓겨난 루시엘은 이 땅에서 사람이 왕 노릇하는 것을 보고 거짓말로 속여 타락하게 만들었습니다. 그가 사탄 곧 마귀입니다.

마귀는 하나님을 대적하고 하나님께 도전하고 대항합니다.

마귀는 공중 권세 잡은 자로 '사망 장부'에 예수님을 안 믿는 사람을 적어 놓고 부리다가 지옥으로 끌고 갑니다. 하지만 예수님을 믿는 사람은 하늘나라 '생명 장부'에 이름이 기록되어 있고 주님과 동행하며 행복한 삶을 살다가 죽으면 천국에 들어갑니다.

"그는 허물과 죄로 죽었던 너희를 살리셨도다. 그때에 너희는 그 가운데서 행하여 이 세상 풍조를 따르고 공중의 권세 잡은 자를 따랐으니 곧 지금 불순종의 아들들 가운데서 역사하는 영이라. 전에는 우리도 다 그 가운데서 우리 육체의 욕심을 따라 지내며 육체와 마음의 원하는 것을 하여 다른 이들과 같이 본질상 진노의 자녀이었더니 긍휼이 풍성하신 하나님이 우리를 사랑하신 그 큰 사랑을 인하여 허물로 죽은 우리를 그리스도와 함께 살리셨고."(엡 2:1~5)

하나님의 자녀의 권세가 당신에게 있습니다. 이 권세는 하나님 아버지께 무엇이든 구할 수 있는 권세, 귀신을 쫓는 권세입니다.

"영접하는 자 곧 그 이름을 믿는 자들에게는
하나님의 자녀가 되는 권세를 주셨으니."(요 1:12)

"귀신을 내쫓는 권능도 가지게 하려 하심 이러라."(막 3:15)

귀신은 영혼에는 못 들어오지만 몸속에 들어옵니다. 수많은 병은 귀신 때문입니다. 귀신이 온갖 병을 줍니다. 귀신이 들리면 괴롭히고 망하고 미친 사람이 되어 삶이 초토화됩니다. 가장 악하고 잔인한 게 귀신입니다. 또한 귀신이 들리면 더럽습니다. 청소를 안 하고 몸을 안 씻고 옷차림을 더럽게 하고 다니게 됩니다.

성령님은 거룩하고 깨끗한 분이십니다. 질서 있고 깨끗하게 일하십니다. 우리의 몸은 성령님이 임하신 성전입니다. 그러므로 몸을 깨끗하게 씻고 집, 차, 신발, 옷, 가방도 깨끗하게 관리해야 합니다. 자신의 것은 스스로 챙기고 깨끗하게 관리하십시오.

"내가 거룩하니 너희도 거룩할지어다."(벧전 1:16)

"너희가 하나님의 성전인 것과 하나님의 성령이
너희 안에 계시는 것을 알지 못하느냐."(고전 3:16)

예수님이 오신 목적은 마귀를 멸하기 위함입니다.

"하나님의 아들이 나타나신 것은
마귀의 일을 멸하려 하심이라."(요일 3:8)

예수 이름에 마귀를 쫓는 권능이 있습니다.
예수 이름으로 명령하여 악한 마귀를 내쫓으십시오.

"예수 이름으로 명하노니 귀신아, 떠나가라."
"예수 이름으로 명하노니 사탄아, 물러가라."

예수 이름으로 구하고 명령하고 다스리십시오.
날마다 예수 이름을 꺼내 사용하기 바랍니다.

"하나님께 순복할지어다. 마귀를 대적하라.
그리하면 너희를 피하리라."(약 4:7)

우리의 인생 문제는 십자가에서 다 끝났고 우리는 의, 성령 충
만, 건강, 부요, 지혜, 평화, 생명을 얻었습니다. 하나님께서 큰
은혜를 베푸셨습니다. 하나님께 은혜를 갚을 길이 없으니 전도함
으로 은혜를 베풀며 살아야겠습니다. 예수님이 말씀하셨습니다.

"하늘과 땅의 모든 권세를 내게 주셨으니 그러므로 너희는 가서

모든 족속으로 제자를 삼아 아버지와 아들과 성령의 이름으로 세례를 주고 내가 너희에게 분부한 모든 것을 가르쳐 지키게 하라. 볼 지어다. 내가 세상 끝날 까지 너희와 함께 있으리라."(마 28:18~20)

변함없이 하나님을 경외하십시오. 하나님의 자녀로서 풍성한 삶을 살고 영혼 구원을 위해 큰 꿈과 소원을 가지십시오. 성령님의 인도를 따라 살며 기도하는 일과 말씀 사역에 힘쓰십시오.

시간을 뚝 떼어 기도에 푹 빠지라

당신은 시간을 뚝 떼어 기도합니까?
나는 매일 시간을 뚝 떼어 기도합니다. 나는 안수 기도 받은 후에 방언을 말하게 되었습니다. 입만 열면 방언이 나옵니다. 내 안에 성령님이 충만히 계시니 방언을 말하게 되는 것입니다. 영은 빛보다 빠른 속도로 기도하기 때문에 혀가 못 따라가 '라라라' 나오는 것입니다. 방언 기도는 하나님과 영으로 교제하는 것입니다.

"방언을 말하는 자는 사람에게 하지 아니하고 하나님께 하나니
이는 알아듣는 자가 없고 영으로 비밀을 말함이라."(고전 14:2)

방언은 100퍼센트 축복, 감사, 중보, 찬미, 영의 기도이며 성령의 나타남입니다. 뇌와 혀와 영은 연결되어 있는데 방언을 말하

면 영이 움직이며 영이 살아나고 강해집니다. 영이 강해지면 마음과 몸도 강해지고 머리가 좋아집니다. 귀신이 못 건드립니다.

방언은 단순하게 '라라라' 나오지만 일만 마디 기도 내용이 다 들어 있습니다. 그러므로 습관을 따라 방언을 많이 하십시오.

"이와 같이 성령도 우리의 연약함을 도우시나니 우리는 마땅히 기도할 바를 알지 못하나 오직 성령이 말할 수 없는 탄식으로 우리를 위하여 친히 간구하시느니라. 마음을 살피시는 이가 성령의 생각을 아시나니 이는 성령이 하나님의 뜻대로 성도를 위하여 간구하심이니라."(롬 8:26~27)

방언이 중대하고 귀하기 때문에 하나님께서 알아서 챙겨 주신 것입니다. 방언은 자신을 세우는 귀한 은사입니다.

"방언을 말하는 자는 자기의 덕을 세우고
예언하는 자는 교회의 덕을 세우나니."(고전 14:4)

기도는 영의 기도, 마음의 기도, 몸의 기도가 있습니다.
영의 기도는 방언이고, 마음의 기도는 자기 나라 언어로 기도하는 것이고, 몸의 기도는 몸으로 하는 기도 곧 손뼉치고 춤추고 금식하는 기도를 말합니다. 이 세 가지 중에 영혼의 열매를 맺는 게 가장 중요합니다. 영의 기도인 방언을 많이 말하십시오.
사탄은 거꾸로 살라고 속이며 몸의 기도가 가장 중요하고 영의 기도는 필요 없다고 합니다. 아닙니다. 영의 기도인 방언은 단순하지만 가장 수준 높은 기도이며 몸의 기도가 가장 수준 낮은 기도입니다. 한국말로 기도하는 것은 머리를 써야 하지만 방언은 성령님께서 나를 대신해 기도하시고 혀만 맡기면 되니까 마음에 짐이 하나도 안 됩니다. 성령의 나타남 속에서 안식을 누리는 것입니다. 외부의 영향을 받지 않고 방언을 말하며 모든 일을 할 수 있어 정말 좋습니다. 방언만큼 쉽고 즐거운 것은 없습니다.

"그러므로 더듬는 입술과 다른 방언으로 그가 이 백성에게 말씀하시리라. 전에 그들에게 이르시기를 이것이 너희 안식이요 이것이 너희 상쾌함이니 너희는 곤비한 자에게 안식을 주라 하셨으나."(사 28:11~12)

"내가 만일 방언으로 기도하면 나의 영이 기도하거니와 나의 마음은 열매를 맺히지 못하리라. 그러면 어떻게 할꼬? 내가 영으로 기도하고 또 마음으로 기도하며 내가 영으로 찬미하고 또 마음으로 찬미하리라."(고전 14:14~15)

영으로만 기도하면 마음이 열매를 맺지 못해 잡생각이 날 수 있으니 중간에 "성령님, 사랑합니다"라고 한두 마디 합니다. 그러면 한두 시간 금방 지나갑니다. 영으로 기도하는 것이 가장 좋습니다. 이렇게 도움을 구하며 성령님의 인도를 따라 기도하십시오.
"성령님, 기도를 인도해 주세요. 도와주세요."

성령님의 인도를 따라 10분이든, 20분이든 방언을 말하십시오. 방언하며 청소하고 요리하고 설거지하고 산책 등 다 할 수 있습니다. 목은 쓰지 않고 혀로만 하기 때문에 목이 상하지 않습니다.

방언으로 기도하면 기도하는 게 즐거워집니다.

주일 예배 시간에 김열방 목사님께서 영으로 찬양하는 방법도 있다고 말씀하셨습니다. 방언을 하되 천천히 말하며 리듬을 타면 된다고 하셨습니다. "방언을 랄랄라 하고 빨리만 말할 필요는 없습니다. 천천히 말하면 아름다운 새 방언이 한 마디씩 만들어집니다. 새 방언을 사모하세요"라고 가르치셨습니다.

나는 하나님께 구했습니다.

"하나님, 새 방언을 주세요. 받았음, 감사합니다."

방언은 하나님의 자녀에게 주신 것이고 성령이 임할 때 나타나는 표적입니다. 방언을 말하면 예수님이 내 안에 살아 계신 것이 생생히 느껴집니다. 방언도 사모하면 주십니다. 당신도 방언을 사모하기 바랍니다. 방언을 받았으면 많이 말하기 바랍니다.

마귀는 방언하는 것을 싫어합니다. 기도하는 것을 싫어합니다. 하나님을 찬양하는 것을 싫어합니다. 예수 이름을 사용하는 것을 싫어합니다. 믿음의 말을 하는 것을 싫어합니다. 마귀에서 순복하지 말고 마귀를 대적하십시오. 하나님께 순종하며 하나님만 기쁘시게 하기 바랍니다.

"근신하라. 깨어라. 너희 대적 마귀가 우는 사자 같이 두루 다니며 삼킬 자를 찾나니 너희는 믿음을 굳건히 하여 그를 대적하라.

이는 세상에 있는 너희 형제들도 동일한 고난을 당하는 줄을 앎이라."(벧전 5:8~9)

당신은 하나님께서 주신 좋은 집에서 무엇을 합니까?

나는 기도합니다. 당신도 그 좋은 집에서 기도를 많이 하십시오. 집을 하나님과의 밀회 장소로 만드십시오. 집에 아무나 초청하지 마십시오. 꼭 필요한 심방과 성령님께 묻고 허락하신 한두 명 정도만 초청하십시오. 기도하지 않는 것은 죄입니다.

"나는 너희를 위하여 기도하기를 쉬는 죄를
여호와 앞에 결단코 범하지 아니하고
선하고 의로운 길을 너희에게 가르칠 것인즉."(삼상 12:23)

하나님께서 당신을 기도의 자리로 부르십니다.

"시간을 뚝 떼어 기도하라."

무엇보다 당신의 영혼을 가장 크고 귀하게 여겨야 합니다.

영혼을 위한 시간을 소중히 여겨야 합니다. 영혼이 잘되면 범사가 잘되고 강건해지기 때문입니다.

"사랑하는 자여, 네 영혼이 잘됨 같이
네가 범사에 잘되고 강건하기를 내가 간구하노라."(요삼 1:2)

당신의 영혼을 위해 시간을 뚝 떼어 기도하십시오. 기도하고 찬양하고 말씀을 보고 듣는 것에 푹 빠지십시오. 기도하기 위해 시간을 뚝 떼고 말씀을 묵상하기 위해 시간을 뚝 떼십시오.

시간을 뚝 떼어 하나님께 드리기 바랍니다.

영적인 사람이 되려면 깨어서 기도해야 합니다.

"기도를 계속하고 기도에 감사함으로 깨어 있으라."(골 4:2)

"항상 기도하며 깨어 있으라."(눅 21:36)

"새벽 아직도 밝기 전에 예수께서 일어나 나가
한적한 곳으로 가사 거기서 기도하시더라."(막 1:35)

나쁜 습관을 버리고 좋은 습관을 가지라

당신은 어떤 습관이 있습니까?

인생은 습관으로 만들어집니다. 좋은 습관이 좋은 인생을 만듭니다. 나는 습관을 따라 책을 읽고, 습관을 따라 책을 쓰고, 습관을 따라 기도하고, 습관을 따라 성경을 보고, 습관을 따라 방언을 말하고, 습관을 따라 예수 이름으로 명령하고, 습관을 따라 운동하고, 습관을 따라 혼자 있는 시간을 가집니다. 세상에서 가장 영광스럽고 귀한 시간은 성령님과만 함께하는 시간입니다.

며칠 전에 김열방 목사님께 연락이 왔습니다.

"하나님께 등록비를 구해서 열방신학대학원에 등록하세요."

성령님께 여쭈었더니 등록하라고 말씀하셨고 나는 성령님께 등록비를 달라고 구했습니다.

"성령님, 등록비 주세요. 완납했음, 감사합니다."

"무엇이든지 기도하고 구하는 것은 받은 줄로 믿으라.
그리하면 너희에게 그대로 되리라."(막 11:24)

"구하라. 그리하면 너희에게 주실 것이요.
찾으라. 그리하면 찾아낼 것이요.
문을 두드리라. 그리하면 너희에게 열릴 것이니."(마 7:7)

하나님께 기도하고 구하는 것은 기도하고 구하는 그때 받았다고 믿고 "성령님, 어떻게 할까요?"라고 물었습니다. 그러자 성령님께서 내 마음에 지인을 떠올려 주시며 말씀하셨습니다.

"10시에 문자로 부탁해라."

성령님께서 부탁할 내용을 떠올려 주셔서 문자를 보냈습니다.

잠시 뒤에 계좌번호를 보내 달라는 문자가 왔고 돈이 바로 입금되었습니다. 성령님께서 그 사람을 통해 등록금을 주신 것입니다. 모든 쓸 것을 채우시는 나의 사랑하는 성령님께 억만 번이나 감사드립니다. 나는 성령님께 이렇게 말씀드렸습니다.

"주님, 그분 가정을 천 배, 만 배로 축복해 주세요."

성령님께서 성경 말씀을 통해 내게 말씀하셨습니다.

"너는 또 여호와의 손의 아름다운 관 네 하나님의 손의 왕관이 될 것이라. 다시는 너를 버림받은 자라 부르지 아니하며 다시는 네 땅을 황무지라 부르지 아니하고 오직 너를 헵시바라 하며 네 땅을 쁄라라 하리니 이는 여호와께서 너를 기뻐하실 것이며 네 땅이 결혼한 것처럼 될 것임이라. 마치 청년이 처녀와 결혼함 같이 네 아들들이 너를 취하겠고 신랑이 신부를 기뻐함 같이 네 하나님이 너를 기뻐하시리라."(사 62:3~5)

"야곱아, 이스라엘아, 이 일을 기억하라. 너는 내 종이니라. 내가 너를 지었으니 너는 내 종이니라. 이스라엘아, 너는 나에게 잊혀지지 아니하리라."(사 44:21)

"여호와께서 태에서부터 나를 부르셨고 내 어머니의 복중에서부터 내 이름을 기억하셨으며 내 입을 날카로운 칼 같이 만드시고 나를 그의 손 그늘에 숨기시며 나를 갈고 닦은 화살로 만드사 그의 화살 통에 감추시고 내게 이르시되 너는 나의 종이요 내 영광을 네 속에 나타낼 이스라엘이라 하셨느니라."(사 49:1~3)

나는 신학대학원에 등록한 후 성령님께 도움을 구했습니다.
"성령님, 공부를 어떻게 해야 하나요? 도와주세요."
천재 중에 천재이신 성령님께 도움을 구하고 의지하면 세상에 어려운 일은 아무것도 없습니다. 다 쉽고 재밌습니다.

"그의 위에 여호와의 영 곧 지혜와 총명의 영이요
모략과 재능의 영이요 지식과 여호와를 경외하는 영이
강림하시리니."(사 11:2)

예수님께서 십자가에서 인간의 모든 죄와 저주를 짊어지고 피
와 땀과 눈물을 쏟으며 "다 이루었다"(요 19:30)고 외치며 죽으셨
습니다. 당신이 예수님을 구주로 믿는 순간 모든 죄를 사함 받아
성령으로 거듭나 하나님의 자녀가 되는 최고의 복을 주셨습니다.
예수님을 믿음으로 말미암아 저주가 한꺼번에 다 사라지고 의
성건부지평생의 천국의 엄청난 복을 세트로 안겨 주셨습니다.
세상에서 가장 귀하고 소중한 선물이신 성령님께서 당신 안에
한강처럼 가득히 들어와 살아 숨 쉬고 계십니다.
예수 그리스도 안에서 당신은 의가 넘치고 성령님께서 큰 권능
으로 넘치게 들어와 계시고 건강이 넘치고 부요가 넘치고 지혜가
넘치고 평화가 넘치고 생명이 넘칩니다.

"그런즉 누구든지 그리스도 안에 있으면 새로운 피조물이라.
이전 것은 지나갔으니 보라, 새것이 되었도다."(고후 5:17)

성령님께서 말씀하십니다.

"너는 죄인이 아니다. 완전한 의인이다."

"복음에는 하나님의 의가 나타나서 믿음으로 믿음에 이르게 하나니 기록된바 오직 의인은 믿음으로 말미암아 살리라 함과 같으니라."(롬 1:17)

"너는 더 이상 목마르지 않다. 성령 충만하다. 생수의 강이 철철 흘러넘친다. 기쁨의 강의 철철 흘러넘친다."

"나를 믿는 자는 성경에 이름과 같이 그 배에서 생수의 강이 흘러나오리라."(요 7:38)

"너는 아프거나 병들지 않는다. 건강하고 튼튼하다. 다 나았다."

"이는 선지자 이사야로 말씀하신 우리의 연약함을 담당하시고 질병을 짊어지셨도다 함을 이루려 하심이더라."(마 8:17)

"너는 가난하지 않다. 억만장자다. 부요하다. 돈이 넘친다."

"우리 주 예수 그리스도의 은혜를 너희가 알거니와 부요하신 이로서 너희를 위하여 가난하게 되심은 그의 가난함으로 말미암아 너희를 부요하게 하려 하심이라."(고후 8:9)

"너는 바보가 아니다. 천재다. 지혜가 가득하다."

"이는 그가 모든 지혜와 총명을 우리에게 넘치게 하사."(엡 1:8)

"너는 징계 받지 않는다. 큰 평화만 가득하다."

"그가 찔림은 우리의 허물 때문이요, 그가 상함은 우리의 죄악 때문이라. 그가 징계를 받으므로 우리는 평화를 누리고 그가 채찍에 맞으므로 우리는 나음을 받았도다."(사 53:5)

"너는 죽지 않는다. 새 생명을 가졌다. 영원히 산다."

"진실로 진실로 너희에게 이르노니
믿는 자는 영생을 가졌나니."(요 6:47)

"너의 모든 꿈과 소원이 다 이루어졌다."

"무엇이든지 기도하고 구하는 것은 받은 줄로 믿으라.
그리하면 너희에게 그대로 되리라."(막 11:24)

당신은 예수 그리스도 안에서 부족한 인생이 아닌 넘치는 인생이 되었고 저주 받은 인생에서 복이 넘치는 인생이 되었습니다.
마귀의 종에서 하나님의 자녀가 되는 놀라운 신분을 누리게 되었습니다. 그러니 항상 감사가 넘치고 행복이 넘치고 기쁨이 넘치고 응답이 넘치고 축복이 넘치고 은혜가 넘칩니다.
항상 이러한 믿음의 말만 하십시오.

"나는 의인이다. 하나님의 소중한 아들이고 딸이다."
"내 안에 성령님이 가득히 살아 계신다."
"나는 건강하고 튼튼하다. 예쁘고 아름답고 젊다."
"나는 부요하다. 억만장자다. 모든 것이 넘친다."
"나는 지혜가 가득하다. 천재다. 다 할 수 있다."
"나는 평화가 가득하다. 저주와 징계가 없다."
"나는 영원한 생명을 가졌다."
"내 모든 꿈과 소원이 다 이루어졌다."
"성령님, 사랑합니다. 감사합니다. 행복합니다."

주일 예배 시간에 김열방 목사님께서 말씀하셨습니다.

"하나님은 꿈도 하루 만에 이루어 주십니다. 10년 동안 벌 돈을 하루 만에 벌 수 있습니다. 10년 동안 할 일을 하루 만에 할 수 있습니다. 과거에 30, 50년 동안 못했다고 꿈꾸지 말라는 법은 없습니다. 하나님은 하루 만에 하게 하시고 하루 만에 다 주십니다. 아무것도 아닙니다. 생각을 바꾸십시오. 대부분의 사람들은 크게 생각하고 크게 꿈꾸면 교만하다고 말하며 비난합니다. 예수님도 끝에서부터 시작하셨습니다. 마가복음 2장에 중풍병자를 일으키신 사건이 나오는데 병부터 고친 후에 죄를 사하셨습니다. 내가 원하는 것에서부터 바로 시작하면 됩니다. 하나님께 기름 부음 받은 다윗도 물맷돌만 가지고 그냥 나가 싸우니 형들이 '교만한 놈아'라고 비난했습니다. 여러분도 그런 말을 들을 각오하기 바랍니다."

하나님께서 복을 주시면 하루만에도 인생이 바뀝니다.

하나님은 당신이 구한 것을 하루 만에 다 주실 것입니다.

그러나 인생은 습관을 통해 만들어지고 점점 성장하므로 당신의 영혼과 마음, 몸을 위해 새로운 좋은 습관을 하나씩 만들어 가야 합니다. "의인의 길은 돋는 햇살 같아서 크게 빛나 한낮의 광명에 이르거니와"(잠 4:18)라고 말씀했기 때문입니다.

그렇다면 어떤 습관을 만들어야 할까요?

첫째, 기도하고 성경 말씀을 보고 예배하는 습관을 가지십시오. 시간을 뚝 떼어 기도하고 성경 말씀을 보기 바랍니다. 주일에는 모든 일을 멈추고 교회에 나가 예배하십시오. 인생에 가장 중요한 것은 하나님께 예배하는 것입니다. 예배하는 일에는 어떤 다른 것과도 타협하지 마십시오. 주일을 꼭 성수하십시오.

둘째, 성령님과 교제하고 성령님을 의지하고 도움을 구하는 습관을 만드십시오. 시간을 뚝 떼어 성령님과만 함께하는 시간을 가지십시오. 성령님과 교제하고 대화하며 성령님께 무엇이든 구하십시오. 성령님과 모든 일을 함께 하며 온 마음을 다해 성령님을 존중히 모시고 의지하십시오. "성령님, 어떻게 할까요?"라고 묻고 그분의 음성에 순종하면 모든 일에 형통합니다.

셋째, 항상 감사하고 믿음의 말을 하는 습관을 가지십시오.

감사하는 것도 습관, 불평하는 것도 습관입니다. 믿는 것도 습관, 의심하는 것도 습관입니다. 항상 감사하고 믿는 습관, 의성건부지평생의 천국만 믿고 말하는 습관을 만들기 바랍니다.

넷째, 예수 이름으로 명령하는 습관을 가지십시오.

예수 이름으로 필요한 것은 들어오라고 명령하고 필요 없는 것은 사라지라고 명령하십시오. 무엇이든 예수 이름으로 구하고 두드리고 명령하고 다스리십시오. 예수 이름으로 귀신을 쫓고 새 방언을 말하고 뱀을 집어 올리고 병든 사람을 고치십시오. "내 이름으로 무엇이든지 내게 구하면 내가 행하리라"(요 14:14)고 했습니다. 예수 이름으로 구하고 명령하면 능력이 나타납니다.

"믿는 자들에게는 이런 표적이 따르리니 곧 그들이 내 이름으로 귀신을 쫓아내며 새 방언을 말하며 뱀을 집어 올리며 무슨 독을 마실지라도 해를 받지 아니하며 병든 사람에게 손을 얹은즉 나으리라."(막 16:17~18)

성령님과 함께 하고 있는 일은 습관을 따라 행복하게 하십시오. 하나님은 꿈도 하루 만에 이루어 주신다는 것을 믿으십시오. 하나님은 100년 동안 해야 할 것을 하루 만에 다 주십니다.

내일로 미루지 말고 오늘 순종하라

당신은 오늘을 소중히 여깁니까?

나는 오늘을 소중히 여깁니다. 오늘은 내 인생에 가장 젊은 날이며 다시 오지 않을 날이기 때문입니다. 그래서 나는 오늘 최고를 선택하고 최고로 행복하게 보냅니다. 최고의 선택은 무엇일까요? 가장 소중한 나의 사랑하는 성령님과 함께하는 것입니다.

나는 아침에 눈을 뜨면 성령님께 인사부터 드립니다.

"성령님, 안녕하세요. 오늘도 행복한 하루가 시작되었네요."

그리고 성령님과 교제하는 시간을 가집니다. 가장 영광스럽고 럭셔리하고 행복한 시간이 바로 성령님과 교제하는 시간입니다.

나는 성령님이 너무 좋고 성령님을 많이 사랑합니다.

나는 성령님께 사랑 고백을 수시로 합니다.

"성령님, 사랑합니다. 억만 번이나 사랑합니다."

성령님만 바라보면 한없이 행복하고 평안합니다.

나는 혼자 중얼거리며 이렇게 말합니다.

"한 번뿐인 소중한 인생 기뻐하며 행복하게 살아도 짧다. 주님만 바라보며 살아도 짧고 종일토록 찬양하며 살아도 짧다."

예수님께서 어부였던 베드로를 부르신 것처럼 어느 날 나를 그분의 종으로 부르셨습니다. "나를 따라오라."

나는 주님을 따라 물 위를 걸으며 믿음의 모험을 시작했습니다. 주님을 잘 따르다가 환경을 바라보며 넘어지기도 하고 다시 일어나 걷고 뛰기도 했습니다. 주님께서 "나의 사랑하는 자야, 일어나라. 함께 가자"고 말씀하시며 내 손을 붙잡아주셨고 "한눈팔지 말고 계속 앞만 보고 가라"고 엄히 명하셨습니다.

주님께서는 내게 모든 것을 채워 주겠다고 약속하셨습니다.

"너는 더 이상 방법이 없다고 하지만, 아니야. 내 방법은 무한 가지야. 다 결제했다. 모두 내게 맡겨라. 나만 믿어. 네가 원하는 것을 가졌다. 너는 천재다. 천재적인 지혜가 가득하다. 정말 예쁘다. 참 잘하고 있다. 대단해. 내가 너를 인정한다. 내가 너를 많이 좋아하고 기뻐하고 사랑한다."

성령님의 보약 같은 믿음의 말을 들으면 힘이 솟아납니다.

며칠 전에 〈나의 사랑하는 성령님〉이란 새 책이 출간되었습니다. 책 표지도 아주 멋지고 내용이 정말 좋습니다. 꼭 읽어보기 바랍니다. 나는 이 책을 손에 들고 성령님께 감사드렸습니다.

"성령님, 귀한 책을 출간하게 해주시고 복음을 전할 수 있도록 은혜를 베풀어 주셔서 너무 감사합니다. 이 책을 통해 많은 영혼들이 구원 받고 천국같이 살다가 천국으로 가게 해주세요."

내가 가장 좋아 하는 일, 가장 잘하는 일, 가장 가치 있게 여기는 일은 책을 쓰는 것입니다. 하나님께서 가장 기뻐하시는 일도 책을 써서 영혼을 구원하는 일입니다. 당신도 책을 써서 전도하십시오. 책은 전국과 세계를 날아다니며 당신 대신 전도합니다. 책은 자손 천대까지 남습니다. 한 영혼이 구원받는 것보다 더 크고 가치 있는 일은 없습니다. 영혼 구원을 위해 시간과 돈을 투자하십시오. 당신도 나처럼 책을 써서 복음을 전하기 바랍니다.

당신이 책을 쓰려면 '위대한 업적'이 아닌 '위대한 삶'이 있어야 합니다. 위대한 삶을 살려면 어떻게 해야 할까요?

첫째, 오늘 성령님과 연애하며 행복하게 사십시오.

인생은 성령님과의 관계가 가장 중요합니다. 성령님은 당신을 너무 사랑하셔서 하늘 보좌를 놔두고 당신에게 오셨습니다. 그런 성령님을 가장 소중히 여기기 바랍니다. 성령님을 가장 사랑하기 바랍니다. 성령님께 시간을 드리기 바랍니다. 성령님과 연애하기 바랍니다. 그분과 연애하면 인생이 즐겁고 설레고 황홀합니다.

어느 날 나는 시편을 읽다가 크게 놀랐습니다.

"나의 혀가 주의 의를 말하며 종일토록 주를 찬송하리이다."

"주를 찬송함과 주께 영광 돌림이 종일토록
내 입에 가득하리이다."(시 35:28, 71:8)

다윗은 종일토록 입으로 주님을 찬송한다고 했습니다.
나도 그렇게 되기를 바라며 믿음의 기도를 했습니다.
"하루 종일 주님을 찬송했음. 감사합니다."
성령님과 대화하고 교제하며, 성령님을 찬양하고 그분과 연애
하는 것이 인생의 가장 큰 행복이고 즐거움입니다.

"네 마음을 다하고 목숨을 다하고 뜻을 다하여
주 너의 하나님을 사랑하라."(마 22:37)

둘째, 오늘 행복하고 모든 것을 누리십시오.
하나님은 당신이 먼저 행복하고 누리길 원하십니다.
하나님께서 근심하는 당신에게 말씀하십니다.
"항상 기뻐하라. 항상 행복하라. 1초도 불행하게 살지 마라."
부요 믿음으로 자신에게 시간을 내고 돈도 쓰십시오.
혼자만의 시간도 갖고 예쁜 옷도 자주 사 입고 맛있는 음식도

먹고 카페에 가서 여유 있게 커피도 드십시오. 그리고 소중한 가족에게도 시간을 많이 내십시오. 가족과 함께 대화하고 식사하고 산책하고 여행도 가십시오. 내일로 미루지 말고 오늘 소중한 자신과 가족에게 시간을 내어 행복을 누리며 살기 바랍니다.

> "항상 기뻐하라. 쉬지 말고 기도하라. 범사에 감사하라.
> 이것이 그리스도 예수 안에서 너희를 향하신
> 하나님의 뜻이니라."(살전 5:16~18)

셋째, 오늘 전도하십시오.

이웃을 사랑하는 최고의 방법은 전도하는 것입니다.

예수님을 안 믿는 사람은 억만 배나 고통스러운 지옥에 갑니다. 예수님을 믿는 사람은 천국에 갑니다. 성령님은 우리에게 전도할 기회를 주십니다. 전도하기 위해 "누구를 만나라. 구원하라. 전도하라"고 말씀하시며 보내십니다. 그때 성령님의 음성을 듣고 순종하십시오. 그리고 복음이 담긴 책을 써서 전도하십시오.

내일로 미루지 말고 오늘 하십시오.

내일로 미루지 말고 오늘 성령님과 함께 행복하십시오.

내일로 미루지 말고 오늘 모든 것을 누리십시오.

내일로 미루지 말고 오늘 전도하십시오.

> "네 마음을 다하며 목숨을 다하며 힘을 다하며 뜻을 다하여 주너의 하나님을 사랑하고 또한 네 이웃을 자신 같이 사랑하라."(눅

10:27)

"온 천하에 다니며 만민에게 복음을 전파하라."(막 16:15)

"책에 써서 후세에 영원히 있게 하라."(사 30:8)

당신을 억만 번이나 축복합니다.

좋은 아파트로 이사한 이야기

당신은 하나님께 좋은 집을 구한 적이 있습니까?

나는 하나님께 좋은 집을 구한 적이 있습니다.

예전에 나는 하나님께 이렇게 기도했습니다.

"하나님, 저는 공원이나 산으로 둘러싸인 조용하고 한적하고 쾌적한 곳에서 살며 주님과 여유 있게 산책하고 싶어요."

그 기도가 응답 되어 며칠 전에 새로 지은 좋은 아파트로 이사하게 되었습니다. 성령님께서 우리 가족을 위해 조용하고 한적한 곳의 새 아파트를 예비해 두시고 선물로 주신 것입니다. 나는 전에 '아파트에서 살면 답답할 것 같아'라고 부정적으로 생각한 적이 있습니다. 그런 내게 성령님께서 말씀하셨습니다.

"이미 수많은 사람들이 아파트에 살고 있다. 아파트에도 살아 봐. 살아보면 네 생각과 많이 달라."

나는 주님의 음성을 듣고 생각을 바꾸었습니다.

"맞아. 이미 수많은 사람들이 아파트에 살고 있잖아. 나도 아파트에서 한 번 살아보자."

아파트로 이사 온 뒤 나는 생각이 즉시 바뀌었습니다.

'와, 내가 그동안 살았던 집보다 백배나 살기 좋네. 살아보니 다르네. 아늑하고 쾌적하고 편안하다.'

정말 감사한 것은 나는 예전부터 앞이 탁 트이고 창밖으로 산이나 나무가 보이는 쾌적하고 환한 곳에서 살고 싶다고 꿈꾸며 노래를 불렀는데 하나님께서 정말 내가 꿈꾸고 소원한 대로 주위가 산과 공원으로 둘러싸인 쾌적한 곳의 새 집을 주신 것입니다.

집 부근에 공원이 있어 봄과 가을에 꽃 축제도 합니다. 창밖으로 산도 보이고 새소리도 들리고 하늘 위에 뽀얀 구름도 두둥실 예쁘게 떠 있습니다. 마치 좋은 곳에 여행 와서 최고급 호텔에 머무는 것 같습니다. 며칠 전에는 안방 침대에 누워 창밖을 바라보는데 하늘이 너무 예뻐 감탄이 저절로 나왔습니다.

"와, 예쁘다. 그림 같네."

주님께서 나를 위해 예쁜 솜사탕 같은 구름을 하늘색 도화지에 멋지게 그려 주신 것 같았습니다. 나는 감사가 터져 나왔습니다.

"성령님, 좋은 집을 주셔서 감사합니다. 행복합니다."

이번에 이사하면서 하나님께서 10년 만에 가전제품과 가구를 새 걸로 싹 바꿔 주셨습니다. 이사 오기 전에 남편이 건조기랑 김치 냉장고를 새로 산다고 했을 때 나는 건조기는 필요 없을 것 같고 김치 냉장고는 사용하던 것이 있으니 새로 살 필요가 없을 것 같다고 말했는데 성령님께서 내게 말씀하셨습니다.

"남편이 하자는 대로 해."

그렇게 하니 이사하고 가장 잘한 일이 건조기와 김치 냉장고를 산 것이었습니다. 빨래를 하고 건조기에 세탁물을 넣으면 몇 시간 뒤에 완전히 건조되어 뽀송뽀송하게 나옵니다. 빨래를 널고 말리는 번거로움이 없어 아주 편합니다. 평소에 과일이나 야채를 많이 먹으니 김치 냉장고도 꼭 필요했습니다. 성령님께서 우리 가정에 꼭 필요한 것을 아시고 모두 챙겨 주신 것입니다. 남편은 새로 산 것 중에 건조기가 가장 마음에 든다고 했고 나는 김치 냉장고와 식탁이 가장 마음에 든다고 했습니다. 식탁이 넓어 가족이 함께 앉아 여유 있게 식사하고 대화하고 간식도 먹고 차도 마시니 너무 좋습니다. 나는 하나님께 감사의 기도를 했습니다.

"하나님, 지난 2년 동안 어마어마한 복을 주셨는데 또 이렇게 좋은 집까지 주시고 모두 새것으로 바꿔 주셔서 감사합니다. 지금까지 살던 곳 중에서 여기가 가장 좋아요. 행복합니다."

주님께서 말씀하셨습니다.

"행복하게 살아라. 그리고 앞으로 더 크고 좋은 집 많이 줄게."

나는 대답했습니다.

"와, 억만 번이나 감사합니다. 주님과 함께 행복하게 살고 또 주님과 함께 날마다 산책할 수 있어 너무 좋습니다. 기대됩니다."

이 모든 것이 하나님의 은혜입니다.

"네 하나님 여호와께서 네 조상 아브라함과 이삭과 야곱을 향하여 네게 주리라 맹세하신 땅으로 너를 들어가게 하시고 네가 건축하지 아니한 크고 아름다운 성읍을 얻게 하시며 네가 채우지 아니한 아름다운 물건이 가득한 집을 얻게 하시며 네가 파지 아니한 우물을 차지하게 하시며 네가 심지 아니한 포도원과 감람나무를 차지하게 하사 네게 배불리 먹게 하실 때에 너는 조심하여 너를 애굽 땅 종 되었던 집에서 인도하여 내신 여호와를 잊지 말고 네 하나님 여호와를 경외하며 섬기며 그 이름으로 맹세할 것이니라."(신 6:10~13)

"기록된바 하나님이 자기를 사랑하는 자들을 위하여 예비하신 모든 것은 눈으로 보지 못하고 귀로 듣지 못하고 사람의 마음으로 생각하지도 못하였다 함과 같으니라."(고전 2:9)

나는 성령님께 말씀드렸습니다.
"성령님, 교회에 가려면 전철 타고 한 시간 좀 더 걸려요."
성령님께서 말씀하셨습니다.
"가깝다. 네가 직장 생활하는 5년 동안 한 시간이 넘는 거리를 매일 다니지 않았느냐? 예배하기 위해 지방에서 올라오는 사람도 있다. 예배하러 가는 것을 나와 함께 여행한다고 생각해라."
그리고 성령님께서 말씀하셨습니다.
"서울목자교회에서 100년 동안 예배하라. 더 이상 갈등하지 마라. 그리고 다시는 묻지 마라. 지시한 땅에 머물라. 그러면 내가 너를 번성하게 하고 번성하게 하리라."

"내가 반드시 너에게 복 주고 복 주며
너를 번성하게 하고 번성하게 하리라."(히 6:14)

나는 대답했습니다.
"아멘, 억만 번이나 감사합니다."
어느 날 성령님께서 내게 말씀하셨습니다.

"내가 무궁한 사랑으로 너를 사랑하는 고로
인자함으로 너를 인도하였다 하였노라."(렘 31:3)

지금까지 성령님께서 나를 무궁한 사랑과 인자하심으로 인도해 주셨습니다. 그 무엇보다 정말 감사한 것은 성령님께서 내가 온전한 복음을 깨닫도록 인도해 주셨다는 것입니다.

성령님께서 내게 말씀하셨습니다.

"나는 다 알고 있다. 너에 대한 계획을 다 갖고 있다. 나는 세밀하고 정확하게 한 치의 오차도 없이 너를 인도하고 있다. 나의 절대 주권으로 네 인생의 모든 것을 움직이고 있다."

나는 주님께서 베푸신 큰 은혜와 지난 모든 일에 감사합니다.

주님은 내가 온전한 복음을 깨닫게 하셨고 책을 여러 권 써서 복음을 전하게 하셨고 "하나님이 내 모든 쓸 것을 채우시고 없으면 만들어서라도 주신다"는 것을 경험하게 하셨습니다. 모든 것의 주인은 주님이시고 모든 문제, 사람, 사건보다 억만 배나 크신 주님을 알고 믿고 의지하게 하셨습니다. 주님께서 믿음이 얼마나 중요한지 깨닫게 하셨고 믿음으로 사는 길을 가르쳐 주셨습니다. 또한 큰 사명을 깨닫게 하시고 주의 종의 길을 가게 하셨습니다. 악한 마귀의 존재도 알게 되었습니다. 또 우리 가족이 행복하고 부요하고 날마다 더 잘되게 하셨고 평강의 복도 주셨습니다.

항상 하나님의 은혜가 넘치고 있습니다. 기적의 연속입니다.

지금까지 인도해 주시고 눈동자처럼 지켜 주신 나의 사랑하는 성령님께 억만 번이나 감사드립니다. 주님의 인자하신 인도와 무궁한 사랑에 억만 번이나 감사드립니다.

"내가 궁핍하므로 말하는 것이 아니라 어떠한 형편에든지 내가 자족하기를 배웠노니 내가 비천에 처할 줄도 알고 풍부에 처할 줄도 알아 모든 일에 배부르며 배고픔과 풍부와 궁핍에도 일체의 비결을 배웠노라. 내게 능력 주시는 자 안에서 내가 모든 것을 할 수 있느니라."(빌 4:11~13)

"내 잔이 넘치나이다. 내 평생에 선하심과 인자하심이 반드시 나를 따르리니 내가 여호와의 집에 영원히 살리로다."(시 23:5~6)

예수님께서 십자가에서 당신의 모든 저주뿐만 아니라 꿈에 대한 값도 지불하고 다 이루었기 때문에 하나님께 무엇이든 구하면 하나님께서 행하십니다. 하나님께서 꿈을 이루어 주시고 꿈에 대한 비용도 다 채워 주십니다. 기도하고 구한 것은 받았다고 믿고 하나님께 다 맡기고 하나님만 바라보며 행복하게 사십시오.

"무엇이든지 기도하고 구하는 것은 받은 줄로 믿으라.
그리하면 너희에게 그대로 되리라."(막 11:24)

"네 짐을 여호와께 맡기라. 그가 너를 붙드시고
의인의 요동함을 영원히 허락하지 아니하시리로다."(시 55:22)

어떻게 하면 꿈과 소원이 이루어질까요?
첫째, 하나님께 무엇이든지 구체적으로 구하십시오.
당신이 꿈꾸고 소원하는 대로 하나님께서 다 이루어 주십니다.
예전에 나는 한적하고 쾌적한 곳에서 여유 있게 산책하는 꿈을
꾸었는데 하나님께서 꿈꾸고 소원한 그대로 이루어 주셨습니다.
기적을 베풀어주셨습니다. 그리고 무선 청소기도 갖고 싶다는 소
원이 있었는데 하나님께서 사게 해주셨습니다.
아무것도 제한하지 말고 무엇이든지 하나님께 구체적으로 구하
십시오. 하나님께서 어떻게든 이루어 주시며 기적을 베풀어주십
니다. 기도하고 구한 것은 받았다고 믿고 의심하지 마십시오.
둘째, 하나님은 하루 만에 다 주십니다.
나도 하나님께 하루 만에 받은 것이 많습니다. 하나님께서 움
직이시면 100년 동안 안 되던 것이 하루 만에 다 됩니다. 하나님
은 당신이 겪는 모든 문제보다 억만 배나 크신 분이십니다. 모든
사람과 사건, 사탄과 귀신들, 돈 문제, 꿈과 소원들보다 억만 배
나 크신 예수님께서 당신 안에 실제로 살아 계십니다.

"자녀들아, 너희는 하나님께 속하였고 또 저희를 이기었나니 이는 너희 안에 계신 이가 세상에 있는 이보다 크심이라."(요일 4:4)

"보라, 그에게는 열방이 통의 한 방울 물과 같고 저울의 작은 티끌 같으며 섬들은 떠오르는 먼지 같으리니."(사 40:15)

하나님은 하루 만에 집을 주시고 하루 만에 큰돈을 주시고 하루 만에 병을 깨끗이 고쳐 주시고 하루 만에 큰 복을 주십니다. 하나님께는 모든 것이 티끌처럼 작습니다. 하나님의 때에 하나님의 방법으로 다 이루어 주십니다. 전능하신 하나님을 믿으십시오.

셋째, 집은 하루에 100만 원짜리 럭셔리한 호텔입니다.

주님께서 내게 "집을 호텔처럼 꾸미라"고 말씀하셨습니다.

나는 우리 집을 '은영호텔'이라고 지었습니다. 호텔처럼 심플하고 깔끔하고 쾌적하게 꾸미기 위해 오래되거나 못 쓰는 물건은 과감히 버리고 습관을 따라 쓰레기를 버리고 정리 정돈을 하고 사용하던 물건은 제자리에 두고 청소기로 먼지를 제거합니다.

집이 깨끗하고 쾌적하니 날마다 기분도 좋고 행복합니다.

나는 이번에 아파트로 이사하면서 못쓰고 안 쓰는 물건을 많이 버렸는데 그때 깨달은 것은 내가 필요 없는 물건을 너무 많이 쌓아 두고 살았다는 것입니다. 실제로 사용하는 것은 몇 개 안 되었습니다. 그래서 앞으로는 꼭 필요한 물건이 아니면 사지 말고 쌓아 두지도 말아야겠다고 생각했습니다.

집은 가족이 매일 잠자고 먹고 쉬는 안식처입니다. 우리 몸뿐만 아니라 집도 주님께서 거하시는 성전이므로 깨끗하게 관리해야 합니다. 잡동사니나 허접하고 못 쓰는 물건은 쌓아 두지 말고 과감히 버려야 합니다. 물건을 살 때 싸구려를 많이 사서 못 쓰고 버리느니 고급스러운 물건을 하나 사는 게 백배 낫습니다.

당신도 집에 대한 꿈을 갖고 하나님께 좋은 집을 구하십시오. 하나님께서 당신이 꿈꾸고 소원하는 대로 다 이루어 주실 것입니다. 하나님께서 주신 좋은 집을 소중히 여기고 깨끗하고 쾌적하게 관리하며 천국 같이 행복하게 살기 바랍니다.

당신을 억만 번이나 축복합니다.

성령님의 음성에 즐겨 순종하라

당신은 성령님의 음성에 즐겨 순종하십니까?

나는 성령님의 음성에 즐겨 순종합니다. 성령님의 음성에 즐겨 순종하는 것이 지혜이며 형통한 길입니다.

며칠 전에도 나는 결제해야 할 문제로 성령님께 도움을 구했습니다. 오후에 성령님께서 문제를 해결할 방법을 생각나게 하셨지만 내 마음에 약간 부담이 되었습니다. 그러자 잠시 뒤에 성령님께서 몇 달 전에 하신 말씀을 또 떠올려 주셨습니다.

"두려워하지 마라. 부담 갖지 마라. 내가 한 번 말했으면 잊지 말고 기억하라. 나의 자원은 끝이 없다. 나는 없는 것을 있는 것처럼 불러낸다. 돈 문제를 티끌처럼 작게 여겨라."

"여호와가 너를 항상 인도하여 메마른 곳에서도 네 영혼을 만족하게 하며 네 뼈를 견고하게 하리니 너는 물 댄 동산 같겠고 물이 끊어지지 아니하는 샘 같을 것이라."(사 58:11)

나는 주님의 음성과 성경 구절을 중얼거리며 암송했습니다.

그리고 나 자신이 똑똑히 알아듣도록 이렇게 말했습니다.

"주님의 음성은 크고 돈 문제는 작다. 영혼 구원은 크고 돈 문제는 작다. 주님이 다 채우신다. 어떻게든 채우신다."

주일 예배 시간에 하나님께서 목사님을 통해 말씀하셨습니다.

"사람들은 억지로 순종하고, 끝까지 버티다가 순종합니다. 하나님이 말씀하실 때 순종 안하는 사람이 있고 억지로 순종하는 사람이 있고 기쁘게 순종하는 사람이 있습니다. 하나님의 뜻은 예수님 같이 기쁜 마음으로 즐겁게 순종하는 것입니다. 그럴 때 하나님이 기뻐하십니다. 하나님과 주의 종의 말에 즐겁게 즉시 순종하는 사람이 계속 복을 받습니다. 즐겁게 즉시 순종하세요."

나는 기도했습니다.

"주님, 죄송합니다. 주님께서 제게 복을 주시려고 하는데 부담이 된다고 미루고 있었네요. 주님과 주의 종의 말씀에 항상 즐겁게 즉시 순종하는 사람이 되게 해주세요."

그리고 감사 헌금 봉투에 적었습니다.

"하나님과 주의 종의 말씀에 항상 즐겁게 순종하는 자가 되었음. 감사합니다."

주님께서 내게 말씀하셨습니다.

"내가 다 줄 테니 부담 갖지 마라. 내가 하라는 대로 하면 돼. 기쁜 마음으로 순종해라. 때가 되면 백배, 천배의 복을 줄게."

나는 대답했습니다.

"네, 알겠습니다. 억만 번 감사합니다. 억만 번 행복합니다."

다음 날 목사님께 연락이 왔습니다.

"이번 책에 원고 한 꼭지 더 쓸 수 있나요? 부탁합니다."

나는 주님께 여쭈었습니다.

"주님, 어떻게 할까요?"

주님께서 말씀하셨습니다.

"즐겁게 순종해라."

나는 목사님께 말씀드렸습니다.

"네, 알겠습니다. 억만 번 감사합니다."

그리고 주님께 어떤 내용을 써야 할지 여쭈었더니 주님께서 알려주셨습니다. 주님께서 내게 칭찬하셨습니다.

"네가 즐겁게 순종하니 기쁘다."

나는 대답했습니다.

"와, 억만 번 감사합니다. 억만 번 행복합니다."

모든 것의 주인이신 성령님의 음성을 가장 크게 여기고 순종하는 삶을 사십시오. 그러면 결국 하루 만에 다 주십니다.

첫째, 순종하되 즐겁게 순종하십시오.

즐겁게 순종하는 사람은 계속 복을 받습니다. 즐겁게 순종하지 않고 원망하거나 억지로 순종하면 땅의 아름다운 소산을 먹지 못합니다. 하나님은 억지로 하는 것을 기뻐하지 않으십니다. 기쁜 마음으로 즐겁게 순종하는 것을 기뻐하십니다. 투덜대고 원망하는 사람은 있든 없든 습관을 따라 원망합니다. 작은 것을 주면 작게 원망하고 큰 것을 주면 크게 원망합니다.

하나님께서 가장 싫어하시는 것이 의심하는 것과 원망하는 것입니다. 당신이 가진 모든 것을 잃는 비결은 간단합니다. 투덜대고 원망하는 것입니다. 원망하지 말고 감사하기 바랍니다. 지극히 작은 일도 감사하며 즐겁게 순종하기 바랍니다. 하나님은 작은 일에 기쁘게 순종하는 자에게 큰일을 맡기십니다.

우리는 무엇을 하든 하나님께 하는 것이며 하나님 앞에서 일하고 섬기는 것입니다. 하나님께서 베푸신 은혜는 태산처럼 크고 우리가 하는 헌신, 봉사, 수고는 티끌처럼 작습니다.

"너희가 즐겨 순종하면 땅의 아름다운 소산을 먹을 것이요. 너희가 거절하여 배반하면 칼에 삼켜지리라. 여호와의 입의 말씀이니라."(사 1:19~20)

둘째, 하나님과 주의 종의 말씀에 환경이나 여건이 안 되더라도 일단 "네, 알겠습니다"라고 말씀드리고 기도하며 즐겁게 순종하십시오. 그러면 성령님께서 없던 길을 여시고 안 되는 것을 되게 하시며 기적을 베풀어 주십니다. 성령님의 음성을 들으면 기뻐하고 즐거워하기 바랍니다. 성령님의 음성을 듣고 뒤로 물러가지 말기 바랍니다. 이해가 안 되어도 기뻐하고 감사하기 바랍니다. 성령님과 주의 종의 말씀에 순종하면 큰 복을 받습니다.

"너희는 너희 하나님 여호와를 신뢰하라. 그리하면 견고히 서리라. 그 선지자를 신뢰하라. 그리하면 형통하리라."(대하 20:20)

당신 안에 살아 계신 크신 성령님을 바라보며 항상 기뻐하고 쉬지 말고 기도하고 범사에 감사하며 주님의 말씀에 즐겨 순종하는 행복한 삶을 살기 바랍니다.

나쁜 계획은 세우지 말고 좋은 계획만 세우라

당신은 하나님의 말씀에 순종하겠다는 좋은 계획을 세웁니까?

나는 하나님의 말씀에 순종하겠다는 좋은 계획을 세웁니다.

나는 항상 깨끗한 음식을 선택해서 먹는데 몸에 해로운 음식을 먹으면 가렵거나 두드러기가 나기 때문입니다. 며칠 전에 내 몸에 뾰루지가 나서 성령님께 여쭈었습니다.

"성령님, 제 피부가 왜 이러지요?"

집에 유기농 김이 있었는데 성령님께서 재료를 다시 보라고 말씀하셔서 자세히 보니 '국산 김, 정제 소금, 외국산 기름'이 들어 있었습니다. 그리고 주일 예배 시간에 김열방 목사님께서 하신 말씀이 떠올랐습니다.

"정제 소금도 좋은 건 아닙니다. 더러운 건 하나도 먹지 마세요. 보지도 마세요. 입맛에 좋은 것이 아닌 건강에 좋은 것을 선택하세요. 더러운 것들이 오장육부를 다 망칩니다."

성령님께서 내게 말씀하셨습니다.

"네 몸은 100조 원짜리야. 그 이상으로 네 몸이 귀하고 소중하다. 음식을 살 때는 꼼꼼히 따져 보고 사라. 내가 먹지 말라고 하면 먹지 마. 넣지 말라고 하면 넣지 마. 하지 말라고 하면 하지마. 보지 말라고 하면 보지 마. 만지지 말라고 하면 만지지 마. 어떤 일이든 내가 하라는 대로만 하면 돼."

나는 대답했습니다.

"네, 알겠습니다."

하나님께서 사람이 먹을 수 있는 음식을 정해 두셨는데 곡식, 채소, 과일, 소고기, 양고기, 가금류(닭, 오리), 생선입니다.

깨끗한 음식을 먹으면 건강하게 오래 살 수 있습니다. 공장에서 만드는 제품에는 대부분 화학 첨가물, 방부제가 들어갑니다. 화학 첨가물, 방부제가 들어간 음식을 먹으면 몸이 더러워지고 병들며 빨리 죽습니다. 온갖 종양이 생깁니다. 시중에 파는 빵도 재료에 무엇이 들어가는지 꼼꼼히 따져 보고 구입해야 합니다. 어떤 곳은 쌀빵을 파는데 자세히 살펴보면 방부제가 들어간 미국산 밀가루에 쌀은 조금만 넣어 놓고 쌀빵이라며 팝니다.

지금 집안에 먹지 말아야 할 음식이 있는지 살펴보고 있다면 과감히 버리기 바랍니다. 하나님께서 만드신 자연 식품만 선택해서 먹으면 따지거나 고민할 것이 없고 아무 문제가 없습니다. 먹는데 욕심을 내서 이것저것 많이 먹으려고 하지 말고 깨끗한 음식을 단순하고 소박하게 먹는 게 좋습니다. 먹는 것에 집착하거나 욕심 부리지 말고 단순하고 소박하게 먹기 바랍니다.

당신의 몸은 하나님의 성전입니다. 성령님이 거하시는 당신의 소중한 몸을 깨끗하고 건강하게 관리하십시오.

"너희는 너희가 하나님의 성전인 것과 하나님의 성령이 너희 안에 계시는 것을 알지 못하느냐."(고전 3:16)

첫째, 깨끗한 음식인 '곡채과 소양가생무' 곧 곡식, 채소, 과일, 소고기, 양고기, 가금류, 생선, 무 첨가제 식품을 드십시오.

하나님께서 만드신 자연 식품이 가장 맛있고 가격도 저렴합니다. 곡식, 채소, 과일의 종류가 얼마나 다양한지 모릅니다. 하나님께서 주신 풍성한 음식만 먹어도 충분하고 넘칩니다. 더러운 음식은 보지도 말고 만지지도 말고 호기심을 갖지도 마십시오.

둘째, 성령님께 묻고 꼼꼼히 따져 보고 사십시오.

쇼핑할 때 무엇이든 성령님께 물으십시오.

"성령님, 살까요? 말까요?"

"성령님, 먹을까요? 말까요?"

성령님께 묻고 성령님의 음성에 순종하면 탈이 안 납니다.

음식을 살 때는 깐깐해지십시오. 사람의 말, 겉표지, 유명하다고 믿지 말고 재료에 무엇이 들어갔는지 꼼꼼히 살펴보십시오. 화학 첨가제가 들어간 음식은 하나도 먹지 마십시오. 밖에서 사 먹는 음식은 무엇이 들어 있는지 정확히 알 수 없고 믿을 수 없습니다. 집밥이 가장 귀하고 맛도 좋고 안전합니다. 집밥을 귀하게 여기기 바랍니다. 백만 원 이상의 가치가 있습니다.

하나님께서 하지 말라는 것은 하나도 하지 말고 먹지 말라는 것은 하나도 먹지 마십시오. 그러면 평생 건강하고 행복하게 살 수 있습니다. 하나님의 말씀은 "된다, 안 된다"라고 확실히 말씀하십니다. 마귀는 거짓말로 당신을 속이고 미혹합니다.

"먹어도 죽지 않아. 한두 개 정도는 괜찮아. 조금은 괜찮아. 뭘 귀찮게 따지고 먹니? 먹고 싶은 대로 먹어. 묻지 말고 다 먹어."

하나님은 다르게 말씀하십니다.

"반드시 죽으리라."

"선악을 알게 하는 나무의 열매는 먹지 말라.
네가 먹는 날에는 반드시 죽으리라 하시니라."(창 2:17)

하나님의 말씀에 어긋나는 것은 받아들이면 안 됩니다.

건강을 잃으면 다 잃습니다. 건강이 큰 복이고 재산입니다.

당신의 몸은 다른 사람이 챙겨 주는 것이 아닙니다. 스스로 챙겨야 합니다. 아프고 병들어 죽을 때 눈물 흘리며 후회하지 말고 지금부터 더러운 음식은 보지도 말고 먹지도 마십시오. 항상 깨끗한 음식만 먹고 건강하고 행복하게 오래 살기 바랍니다.

변함없이 크신 예수님을 바라보라

당신은 날마다 행복한 여행을 하십니까?

인생은 여행입니다. 나는 성령님과 함께 날마다 행복한 여행을 하고 있습니다. 성령님은 나의 가장 좋은 친구, 가장 사랑하는 애인, 최고의 코치, 내 영혼의 남편이십니다. 성령님은 내 인생의 주인이시고 왕이시며 나의 전부이십니다. 나는 그분을 많이 사랑합니다. 나는 성령님께 순간마다 이렇게 말씀드립니다.

"성령님, 사랑합니다. 온 마음 다해 사랑합니다."

"성령님, 그동안 억만 번이나 채워 주셔서 감사합니다."

몇 시간 뒤에 주방에서 복숭아를 씻고 있는데 성령님께서 세미한 음성으로 내게 말씀하셨습니다.

"내 사랑하는 종아, 하루 만에 다 줄게."

나는 주님의 음성에 감격하고 감사가 터져 나왔습니다.

"와, 억만 번 감사합니다."

성령님께서 나를 귀하고 소중하게 여기시며 세심하게 돌보신다는 것을 다시 깨닫고 감사하고 행복했습니다. 성령님과 함께 살고 그분과 교제하며 대화하는 것이 얼마나 행복하고 감사하고 영광스러운지 모릅니다. 성령님이 내 인생에 가장 큰 행복이자 가장 큰 선물이며 나머지는 덤으로 누리는 행복이고 선물입니다.

모든 것은 성령님과 연애하고 누리기 위해 존재합니다. 좋은 집에 사는 것, 좋은 차를 타는 것, 카페에 가서 커피를 마시는 것, 여행을 가는 것, 동네를 산책하는 것 등 모두 애인이신 성령님과 함께 멋진 데이트를 하기 위한 것입니다. 성령님이 내 안에 살아 계시니 항상 만족하고 기쁘고 감사하고 행복이 폭발합니다.

"나는 포도나무요 너희는 가지니 저가 내 안에, 내가 저 안에 있으면 이 사람은 과실을 많이 맺나니 나를 떠나서는 너희가 아무것도 할 수 없음이라."(요 15:5)

당신도 나처럼 날마다 성령님과 데이트하며 행복하게 살 수 있습니다. 성령님과 연애하는 삶을 살려면 어떻게 해야 할까요?

첫째, 변함없이 크신 성령님을 바라보십시오.

어린아이처럼 단순해지십시오. 당신의 짐은 모두 성령님이 지십니다. 어린아이가 아빠, 엄마를 바라보며 방긋방긋 웃는 것처럼 성령님께 모든 짐을 맡기고 성령님만 바라보며 방긋방긋 웃으며 행복하게 사십시오.

"믿음의 주요 또 온전하게 하시는 이인
예수를 바라보자."(히 12:2)

"수고하고 무거운 짐 진 자들아, 다 내게로 오라.
내가 너희를 쉬게 하리라."(마 11:28)

둘째, 성령님께서 어떻게든 채우신다고 믿으십시오.

성령님은 없는 것은 만들어서라도 주십니다. 억만 번이나 채우십니다. 하루 만에 다 주십니다. 성령님께서 약속하신 말씀은 반드시 이루어 주십니다. 성령님을 전적으로 신뢰하십시오.

"하나님은 사람이 아니시니 거짓말을 하지 않으시고 인생이 아니시니 후회가 없으시도다. 어찌 그 말씀하신 바를 행하지 않으시며 하신 말씀을 실행하지 않으시랴."(민 23:19)

셋째, 성령님께서 말씀하시면 이해가 안 되어도 무조건 순종하십시오. 일단 순종하되 즐겁게 순종하십시오. 그러면 성령님께서 당신의 믿음과 순종을 기뻐하시며 반드시 믿음의 상을 주십니다. 성령님은 당신이 순종한 것에 대해 백배, 천배 이상으로 복을 주십니다. 성령님은 빼앗아 가는 분이 아니라 채우는 분이시고 생명을 얻되 풍성히 얻게 하시며 부요의 길로 인도하시는 선한 목자이십니다. 성령님의 음성에 토를 달지 말고 즉시 즐겁게 순종하십시오. 당신의 순종은 작은 일이든 큰일이든 성령님 앞에서 하는 것이며, 성령님의 음성에 순종하는 것이 가장 중요합니다.

성령님은 제사를 기뻐하지 않으시고 순종을 기뻐하십니다.

성령님의 음성에 즐겁게 순종하기 바랍니다.

"순종이 제사보다 낫고
듣는 것이 수양의 기름보다 나으니."(삼상 15:22)

인생은 성령님과 연애하는 것이고 지구라는 별에서 성령님과 함께 행복한 여행을 하는 것입니다. 성령님을 존중히 모시고 성령님의 음성에 즐겁게 순종하며 행복한 여행을 하기 바랍니다.

당신을 억만 번이나 축복합니다.

죽은 꿈을 살려라. 하루 만에 다 주신다

나는 하나님의 비밀을 깨달았다

나는 들꽃을 좋아합니다.

내가 사는 잠실에는 공기 좋고 넓은 공원이 몇 군데 있습니다.

나는 이 공원, 저 공원을 다니며 산책하는 것을 참 좋아합니다. 성령님과 함께 산책하는 것이 내 취미이기 때문입니다. 나는 아이가 어린이집에서 하원하면 내 자전거에 태워 산책을 나섭니다.

"엄마, 지금 어디로 산책 가?"

"응, 오늘은 비밀이야."

"알고 싶은데……."

공원에 도착해 걸으며 나는 한 손바닥으로는 아이 두 눈을 가리고 한 손으로는 아이 손을 잡고 길을 인도했습니다.

"엄마, 뭐가 있는데?"

"응, 보여줄 것이 있어. 조금만 참고 가자."

잠실의 올림픽공원 안에 있는 '들꽃마루'가 정면으로 보이는 곳에 아이를 세워 놓고는 아이 눈에서 내 손을 확 뗐습니다.

"짜잔……."

"와, 예쁘다."

아이는 엄청 좋아했습니다.

노랑 코스모스가 길 끝까지 피어 있었습니다.

서울목자교회 카페에 올라와 있는 들꽃마루 인증 사진을 보고 너무나 보고 싶어서 달려왔는데 기대 이상으로 아름답고 놀라웠습니다. 쌓였던 부정적인 생각들과 많은 일과로 지친 무거운 마음이 들꽃을 보는 순간 한방에 다 날아가는 기분이었습니다.

그 모든 것을 만드신 분이 내 안에 계신 예수님이십니다.

"그 안에는 지혜와 지식의 모든 보화가
감추어져 있느니라."(골 2:3)

하나님의 비밀은 예수 그리스도이십니다. 그것도 저 멀리 하늘나라에만 계신 예수님이 아닌 지금 내 안에 실제로 살아 계신 예수 그리스도이십니다. 바울은 이 엄청난 비밀을 깨달았습니다.

"하나님이 그들로 하여금 이 비밀의 영광이 이방인 가운데 얼마나 풍성한지를 알게 하려 하심이라. 이 비밀은 너희 안에 계신 그리스도시니 곧 영광의 소망이니라."(골 1:27)

하나님이 나의 눈을 "짠!" 하고 열어 주시기만 하면 내 안에 실제로 살아 계신 예수님이 보이고 의와 성령 충만, 건강과 부요, 지혜와 평화, 생명의 비밀을 하루 만에 알게 됩니다. 숨바꼭질 놀이처럼 세상 어느 곳을 돌고 돌며 찾아내려고 해도 '의성건부지평생'의 비밀을 찾을 수 없습니다. 오직 예수님께만 있습니다.

그 비밀을 당신도 찾고 싶습니까? 이렇게 하면 됩니다.

첫째, 예수님을 믿는다고 말하십시오.

지금 소리 내어 중얼거리며 이렇게 말하십시오.

"나는 예수님을 믿습니다. 나의 죄를 위하여 죽으셨다 부활하신 예수님을 믿습니다. 하나님의 아들이신 예수 그리스도를 믿습니다. 예수님을 나의 구주로 영접합니다. 아멘."

이제 당신은 예수님을 영접했고 예수 그리스도의 영이신 성령님이 당신 안에 가득히 들어오셨습니다. 당신은 하나님의 자녀가 되었습니다. 하나님 아빠로부터 의성건부지평생(의, 성령 충만, 건강, 부요, 지혜, 평화, 생명)의 선물세트를 하루 만에 다 받았습니다. 놀라운 비밀을 깨달았고 하루 만에 기적이 일어났습니다.

"하나님이 세상을 이처럼 사랑하사 독생자를 주셨으니
이는 그를 믿는 자마다 멸망하지 않고
영생을 얻게 하려 하심이라."(요 3:16)

둘째, 당신 안에 들어오신 성령님을 인격적으로 대하십시오.

성령님은 실제로 살아 계신 분입니다. 보이지 않는데 어떻게요? 영으로 살아 계십니다. 성령님은 예수님의 영이십니다.

당신이 매일 아침 "성령님, 안녕하세요?"라고 말하면 그분도 당신에게 미소를 지으며 인사하십니다. "잘 잤니?"

당신은 믿음의 눈으로 성령님을 보게 됩니다. 할렐루야!

자, 이제 당신의 인생은 '나 더하기 성령님'입니다. 혼자가 아닙니다. 당신은 어디서나 그분과 이야기를 나눌 수 있고 당신에게 문제가 생기면 그분이 해결해 주십니다. 성령님은 당신의 애인이자 동업자이십니다. 놀랍지 않습니까? 축하하고 축복합니다.

"우리가 하나님과 함께 일하는 자로서 너희를 권하노니
하나님의 은혜를 헛되이 받지 말라."(고후 6:1)

하루의 시작을 어떻게 하면 좋을까?

당신은 아침에 일어나면 대화하는 것을 좋아합니까?

나는 아침에 일어나면 대화하는 것을 좋아합니다. 목도 안 풀렸는데 무슨 대화냐고요? 그럼 눈으로 이렇게 말하면 좋겠지요.

'성령님, 안녕하세요. 오늘도 참으로 좋은 날이에요. 제 눈, 코, 입, 귀, 손, 발이 성령님의 일을 위해 쓰이게 도와주세요.'

성령님은 전지전능하신 하나님이셔서 내 눈만 보아도 내 생각과 말을 다 아십니다. 성령님은 나를 많이 좋아하십니다.

"너희는 너희가 하나님의 성전인 것과 하나님의 성령이 너희 안에 계시는 것을 알지 못하느냐?"(고전 3:16)

예수 이름으로 구원받은 사람은 그 즉시 성령님이 그 사람 속에 강물처럼 가득히 들어오셨습니다. 성령님이 가득히 계신 우리는 어떻게 그분과 함께 하루하루를 살아야 할까요?

첫째, 당신의 마인드를 지켜야 합니다.

마인드(maind)는 생각, 정신입니다. 우리의 입으로 말하기 전에 뇌가 먼저 생각을 합니다. 당신은 어떤 생각을 합니까? 나는 하나님 생각을 많이 합니다. 그래서 하루 종일 방언 기도를 많이 하고 찬양도 많이 합니다. 하나님을 믿는 마인드로 살기 때문입니다. 나는 하루의 시작을 성령님과 함께 합니다. 믿음의 생각과 눈으로 성령님을 바라봅니다. 어디를 가든지 무엇을 하든지 성령님을 보면서 믿음으로 삽니다. 성령님은 오직 믿음을 원하십니다.

"복음에는 하나님의 의가 나타나서 믿음으로 믿음에 이르게 하나니 기록 된 바 오직 의인은 믿음으로 말미암아 살리라 함과 같으니라."(롬 1:17)

둘째, 믿음으로 지킨 마인드를 말로 옮기며 살아야 합니다.
나는 날마다 이렇게 말합니다.

"성령님, 사랑해요."

"성령님, 너무 행복해요."

"성령님, 감사합니다."

성령님은 사랑과 감사, 행복의 말이 가득하신 하나님이십니다.

"항상 기뻐하라. 쉬지 말고 기도하라. 범사에 감사하라,
이것이 그리스도 예수 안에서 너희를 향하신
하나님의 뜻이니라."(살전 5:16~18)

셋째, 크게 생각하고 크게 말해야 합니다.

나는 성령님의 생각으로 크게 생각하고 크게 말합니다.

"나는 시간 억만장자다."

"나는 천재다."

돈보다 귀한 것이 지혜와 시간입니다. 지혜롭게 마음껏 생각할 시간이 많은 사람이 가장 부요한 사람입니다. 돈을 최고로 여기는 사람은 돈이 조금만 없어도 악한 생각과 말과 행동을 하게 됩니다. 많이도 아니고 조금 없어서입니다. 그러나 성령님의 생각을 가진 사람은 지혜가 가득해서 날마다 크게 생각하고 말하고 행동하며 작은 돈도 큰돈도 밥 한 톨, 밥 한 숟가락으로 여깁니다.

"의인의 머리에는 복이 임하나
악인의 입은 독을 머금었느니라."(잠 10:6)

당신과 나는 의인입니다. 믿음으로 사는 우리는 복된 생각만 하고 복된 말만 해야 합니다. 그러면 날마다 더 많은 복이 임합니다. 이것을 반드시 믿기 바랍니다. 당신을 한없이 축복합니다.

죽었던 꿈이 다시 살아난 이야기

당신은 피아노 치며 찬양하는 것을 좋아합니까?

나는 피아노 치며 찬양하는 것을 아주 좋아합니다.

나는 원래 초등학교 5, 6학년 때 잠깐 피아노를 배우고 소질이 없는 것 같아 피아노 치는 것을 멈추었습니다. 그런데 대학에서 유아교육과 과정에 피아노 점수가 있어서 어쩔 수 없이 다시 치게 되었습니다. 하지만 막상 피아노 치는 시간이 되면 강의실에 들어가기가 싫었습니다. 교수님의 꾸중이 듣기 싫어서였습니다.

"피아노를 왜 그렇게 딱딱하게 치니? 손이 왜 이렇게 굳었어?"

한 곡만 연습해서 겨우겨우 B학점을 받고 학교를 졸업했고 유치원에 다니며 아이들에게 동요를 가르칠 때 자신 없는 피아노를 또 쳐야 했습니다. 학기 중에 새 노래를 가르칠 때마다 전날 저녁까지 유치원에서 피아노를 연습하고 가야 했습니다. 그러다 어느 날부턴가는 방법을 바꾸기로 다짐했습니다. 인터넷에서 노래 음악을 다운받아 들려주면서 새 노래를 가르친 것입니다.

그렇게 피아노를 손에서 놓았습니다. 그런데 요즘 피아노가 다시 치고 싶어졌습니다. 그 이유는 내가 좋아하는 찬양을 내 피아노 반주에 맞추어 부르고 싶어서입니다. 하루는 셋째 아이를 데리고 교회에 가서 피아노 앞에 앉았습니다. 아이가 피아노를 치고 싶어 해서 치게 하고 나는 찬양을 부르며 핸드폰 비디오로 녹음을 했습니다. 그리고 집에 있을 때는 그 녹음한 찬양을 들으며 설거지하고 빨래도 합니다. 나는 성령님께 말씀드렸습니다.

"성령님, 저와 자녀 모두 찬양 반주를 아름답게 하고 싶습니다. 저와 자녀에게 피아노를 잘 치는 새로운 재능을 주세요. 아멘, 억만 번이나 감사합니다. 찬양 반주를 아름답게 연주하게 되었음."

"그러므로 내가 너희에게 말하노니
무엇이든지 기도하고 구하는 것은 받은 줄로 믿으라.
그리하면 너희에게 그대로 되리라."(막 11:24)

나는 무엇이든지 한 번 기도하고 구한 것은 받았다고 믿습니다. 이미 받았기 때문에 억만 번이나 기뻐하며 삽니다.

첫째, 억만 번이나 기쁜 하루를 보냅니다.

어린이집에서 수업을 마친 셋째 딸을 데리고 석촌호수에 산책을 갔는데 아이가 물고기를 보고 싶어 했습니다. 서호와 동호를 잇는 다리에서 물고기를 보고 있는데 피아노 소리가 들렸습니다. 주변을 살펴보니 반대쪽 다리에 행인들을 위해 준비해 놓은 피아노가 하나 있었습니다. 나는 아이에게 말했습니다.

"와, 성령님이 우리를 위해 피아노를 준비해 놓으셨네. 억만 번이나 감사하다. 그치?"

"응."

우리는 피아노를 치며 찬양했습니다.

"예수, 사랑해요. 나 주 앞에 엎드려 경배와 찬양 왕께 드리네. 할렐루야. 할렐루야. 할렐루야. 할렐루."

벤치에 앉아 계시던 할머니 한 분이 귤을 주시면서 잘 들었다고 하셨고 다른 할아버지 한 분은 계속 들려 달라고 말씀하셨습니다. 우리는 기분이 좋았고 산책 시간이 정말 즐거웠습니다.

둘째, 기도한 것의 응답이 실제로 나타나면 기뻐 뛰며 춤을 춥니다. 나는 신혼 생활을 대구에서 시작했고 주변의 여러 교회에 가 보았지만 다시 서울목자교회에 다니고 싶어졌습니다. 그래서 둘째 아들이 커 가면서 구체적인 꿈을 품고 기도했습니다.

"성령님, 우리 가족이 모두 서울목자교회에서 주일마다 예배하는 것이 제가 간절히 바라는 꿈이에요."

성령님은 내 기도를 들으시고 시간과 공간을 초월해 우리 가족을 꿈의 땅인 잠실로 옮겨 놓으셨습니다. 지금은 주일마다 서울목자교회에서 예배를 드립니다. 내가 드리고 싶었던 예배였고 가족에게 정말 꼭 들려주고 싶은 설교 말씀이었습니다. 그래서 지금은 기뻐 뛰며 춤을 추며 살고 춤을 추며 예배합니다.

지난주일 예배에 김열방 목사님이 성도들을 앞으로 다 나오라고 하셨습니다. 우리는 옆 사람 손을 잡고 큰 원을 그리며 빙글빙글 돌며 춤추며 찬양했습니다. 나는 그때 성령님이 "하하하하" 웃으며 기뻐하시는 모습을 보았습니다. 나도 한없이 기뻤습니다.

내 꿈은 성령님이 다 이루어 주십니다. 나는 그분을 졸졸 따라 다닐 뿐입니다. 천하 만물은 성령님이 주신 선물입니다.

내 꿈을 이루어 주신 성령님께 모든 영광을 돌립니다.

이 글을 읽는 당신의 꿈도 반드시 이루어져 실상으로 나타나게 될 것입니다. 그때는 기뻐 뛰며 춤이 저절로 나오게 될 것입니다.

날마다 새로운 꿈을 꾸고 기도하고 구한 것은 받은 줄로 믿고 기뻐하기 바랍니다. 인생은 꿈대로 믿음대로 다 됩니다.

당신을 억만 번이나 축복합니다.

거절을 두려워하지 않게 된 나

당신은 최근에 거절당한 적이 있습니까?

나는 부탁했다가 종종 거절당하기도 합니다.

예전에 살던 아파트에서 믿음이 좋은 언니를 만난 적이 있습니다. 그녀는 교회 일에 엄청 열심이었고 자상하고 친절했습니다. 그런데 2개월 후쯤 다른 동네로 이사를 갔습니다. 그 후에 잊고 지냈는데 몇 개월이 지나 길에서 한 번 만나 안부를 주고받았습니다. 새로 이사한 집에 나를 초대할 테니 놀러 오라고 했습니다.

나는 사정상 못 가게 되어 그 언니에게 카톡을 보냈습니다.

"언니, 자녀도 잘 키우고 주님을 바라보는 부부의 모습에 제가 배울 점이 많아요. 저는 그동안 책을 쓰고 지냈어요. 온전한 복음이 담긴 책이에요. 언니도 제가 쓴 책을 읽으면 행복해지고 좋겠다는 생각을 했어요. 이 책을 꼭 사서 읽어보세요."

카톡 문자와 함께 나의 처녀작 〈크게 성공하는 비결〉을 사진으로 보냈습니다. 그 친절했던 언니는 단방에 거절했습니다. 그때 당한 거절은 내 책을 홍보하며 처음 당한 거절이었습니다.

"내가 왜 그래야 하지?"

이런 문자와 함께 차가운 반응을 보인 친절했던 그 언니가 나는 낯설었고 당황스러웠고 야속하다고까지 생각되었습니다.

나는 성령님을 바라보며 한동안 아무 말도 못했습니다.

"은하야, 염려하지 마라, 그게 끝이 아니다. 네가 그 책의 사진을 보냈기 때문에 그 사람은 그 책의 제목과 그림을 보고 믿음이 더 커지고 있다. 그리고 더 큰 꿈을 벌써 가졌다. 잘했다."

"와와와, 성령님 최고! 억만 번이나 감사합니다."

지금까지 나는 여러 가지 거절을 당했습니다. 이번 주에도 한 사람에게 부탁했다가 정중하게 거절당했습니다. 그러나 지금은 당황하지도 않고 상대방에 대해 야속한 마음도 없습니다. 성령님이 내 눈빛만 보고도 내 생각을 알고 위로해 주시기 때문입니다.

"너희 염려를 다 주께 맡기라.
이는 그가 너희를 돌보심이라."(벧전 5:7)

거절에 대해 염려하지 마십시오. 대신 성령님을 바라보며 그분의 지혜를 발견하십시오. 거절당했을 때 어떻게 하면 될까요?

첫째, 성령님은 염려하지 말라고 하십니다.

"1초도 염려하지 마라."

이것은 이번 주일 설교 제목이었습니다. 서울목자교회 성도들과 나는 이렇게 좋은 제목을 시작으로 온전한 복음을 통해 1초도 염려하지 않는 삶을 실제로 누리며 살아가는 지혜를 배우고 있습니다. 나는 말씀을 깨닫고 실천하여 내 삶에서 누리고 있는 그대로를 책에 담아냅니다. 정말 살 맛 나는 일주일이 완성됩니다.

"너희는 여호와의 선하심을 맛보아 알지어다."(시 34:8)

둘째, 거절은 뒤에 올 장면을 위한 연속의 한 장면일 뿐이라고 성령님께서 내게 말씀하셨습니다. 영화필름에 수많은 고난과 아픔의 장면들이 있지만 결국은 꿈이 이루어지는 명장면이 나옵니다. 성령님께서 이 명장면의 필름 하나를 툭 떼어 내 앞에 갖다 놓으시면 거절당했던 장면은 생각도 못하며 이렇게 말하겠지요.
"와와와, 억만 번이나 감사합니다. 억만 번이나 행복합니다."
그러므로 거절당한 것에 대해 염려하지 말고 누구에게든지 어떤 상황에서든지 거절한 그 사람을 축복만 하십시오.

"우리가 선을 행하되 낙심하지 말지니
포기하지 아니하면 때가 이르매 거두리라."(갈 6:9)

셋째, 항상 기뻐하라고 말씀하셨습니다.
거절당했다고 찡그리고 있으면 나만 손해입니다. 얼굴을 찡그리고 있으면 다른 잘될 일도 안 되고 잘할 일도 제대로 못하게 됩니다. 그러니 '환한별 마인드'로 날마다 환하게 웃으십시오.

"환하게 웃어라."
"한방에 다줄게."
"별거 아니다."

당신을 한없이 축복합니다.

나는 1초도 염려하지 않고 즐겁게 산다

당신은 요즘 즐겁게 지내고 있습니까?

나는 날마다 춤추며 즐겁게 지내고 있습니다.

다용도실에서 빨래를 하다가 아들 티셔츠에 있는 심한 얼룩이 보였습니다. 얼룩 위에 락스를 묻혀 운동화 솔로 박박 닦고 있는데 옆에 있던 셋째 딸이 인형 놀이를 하다 말고 말했습니다.

"엄마, 음악 소리 같아. 치치치치……."

"이게 음악 소리 같다고? 하하하하. 그러고 보니 맞네."

나는 조금 전에 산책 갔다 오는 길에 결제해야 할 문제가 생겨 잠깐 시무룩해 있었습니다. 하지만 잠시 후에 성령님의 얼굴을 보면서 억지로 치아를 내놓고 웃었습니다. 어색한 웃음을 지으며 집으로 돌아왔고 옷을 세탁하면서도 어두운 얼굴을 보였는데 성령님은 그런 내 모습에 마음 아파하셨습니다.

"아무것도 염려하지 말고 다만 모든 일에 기도와 간구로
너희 구할 것을 감사함으로 하나님께 아뢰라."(빌 4:6)

성령님은 말씀과 함께 이런 생각을 주셨습니다.

'은하야, 아무것도 염려하지 말란 말은 1초도 염려하지 말라는
말이다. 가람이를 봐. 엄마와 있기만 해도 편안해 하고 엄마가 운
동화 솔로 닦기만 했는데도 그 소리마저 즐겁게 음악 소리처럼 듣
지 않니? 너도 가람이처럼 즐거워해라. 나와 함께하는 모든 행동
과 소리, 상황을 즐거워하고 마음껏 즐겨라.'

셋째 딸아이의 즐거워하는 얼굴을 다시 보니 '나도 저렇게 성
령님과 함께 웃으며 살아야겠구나'라는 생각이 들었습니다. 즐거
움이란 모든 상황과 행위 자체에 대한 행복함을 말합니다.

하나님은 우리에게 어떤 즐거움을 주셨을까요?

첫째, 우리를 하나님의 자녀로 삼으시고 아빠라고 부르는 즐거
움을 주셨습니다.

"너희가 아들이므로 하나님이 그 아들의 영을 우리 마음 가운데
보내사 아빠 아버지라 부르게 하셨느니라."(갈 4:6)

육체의 부모님은 자식 나이가 50, 60이 되어도 "내 새끼, 아가"
라는 말을 씁니다. 부모님 눈에는 겉으로 덩치가 커졌고 나이만
먹었지 마냥 어릴 때부터 젖 먹여 키운 자녀이기 때문입니다. 이
처럼 하나님은 우리의 아빠이십니다. 아빠는 우리를 위해 독생자

예수님을 보내어 죽었다 부활하게 하셨고 영원토록 우리 안에서 마음을 지켜 주시는 예수님의 영이신 성령님을 보내셨습니다.

성령님은 우리와 하루 종일 함께 즐겁게 놀며 살기 원하십니다. 우리 인생은 밤에 자는 놀이, 아침에 깨는 놀이, 낮에 성실하게 일하는 놀이, 시간 내어 산책하는 놀이, 때를 따라 먹는 놀이의 연속입니다. 놀이는 즐거워야 합니다. 나는 이렇게 나의 영의 아빠이신 성령님과 즐겁게 놀며 삽니다. 이것이 인생입니다.

둘째, 재벌 가문에 사는 즐거움을 주셨습니다.

하나님은 크신 분입니다.

"보라, 그에게는 열방이 통의 한 방울 물과 같고 저울의 작은 티끌 같으며 섬들은 떠오르는 먼지 같으리니."(사 40:15)

열방은 '모든 나라, 모든 민족들'을 뜻합니다. 하나님은 시편 2장 7, 8절을 통해 그분의 자녀이신 우리에게 말씀하셨습니다.

"내게 구하라. 내가 열방을 네 유업으로 주리니
네 소유가 땅 끝까지 이르리로다."(시 2:8)

나는 가끔 인터넷에서 세계의 재벌에 대한 기사를 읽곤 합니다. 그러나 하나님보다 크신 재벌 이야기는 읽은 적이 없습니다.

나는 세상 재벌들을 알지도 못하며, 그들이 나한테 자신의 재산을 조금이라도 떼어 준다는 말은 한 적도 없습니다. 내가 아는 재벌은 오직 하나님 아빠 한 분뿐입니다. 그분은 나에게 그분의 꿈을 나누어 주셨습니다. 그분의 꿈은 내가 이 땅에 살면서 재벌 아빠의 자녀로서 모든 필요를 풍족하게 공급받고 모든 민족에게 온전한 복음을 전하는 것입니다. 세상의 모든 돈, 학벌, 명예, 권세는 그분의 꿈을 위해 사용되는 것일 뿐입니다. 재벌 아빠 하나님의 자녀인 우리에게도 그 모든 것이 티끌같이 작은 것입니다.

그러니 당신도 다시 큰 꿈과 믿음을 가지기 바랍니다.

나는 내가 가진 큰 꿈들이 있어서 즐겁습니다. 하나님 아빠가 시간과 공간을 초월해서 이미 내 모든 꿈을 이루어 주셨다는 것을 믿고 날마다 이렇게 말하고 살고 있습니다.

"나는 영원토록 지혜가 넘치는 사람으로 살았음."
"나는 200세까지 아픈 곳 없이 건강하게 살았음."
"나는 평생 책을 많이 써내 하나님의 꿈을 이루었음."
"나는 영원토록 부요해, 나는 억만장자야."

이 모든 것은 미래형이 아닌 이미 이루어진 과거형입니다. 그러므로 나는 받았다는 믿음으로 하나님 아빠와 함께 즐거운 하루하루를 지내기만 하면 되고, 모든 것이 자동으로 이루어집니다.

"그러므로 내가 너희에게 말하노니
무엇이든지 기도하고 구하는 것은 받은 줄로 믿으라.
그리하면 너희에게 그대로 되리라."(막 11:24)

당신은 하나님이 만드신 하나뿐인 자녀입니다. 이것을 믿고 주님의 영이신 성령님을 날마다 인정하며 그분과 함께 "하하호호" 즐겁게 웃으면서 살기 바랍니다. 당신을 축복합니다.

무엇이든 하루 만에 가능하다

당신은 벤츠 회사 영업 사원과 상담한 적이 있습니까?

나는 메르세데스 벤츠 회사 영업 사원을 집에 불러 상담 받은 적이 있습니다. 내가 셋째 아이를 낳고 한 달이 지났을 때 강남의 한 대리점에 근무하던 여 부장님께 상담 요청을 했습니다.

그분은 벤츠를 몰고 와 우리 집에서 벤츠의 안정성과 화려함에 대해 설명하며 여러 장의 사진을 보여주었습니다. 나는 하나님께 기도하고 구한 벤츠를 믿음으로 이미 사고 받았기 때문에 그분과 앉아 계약서도 썼습니다. 돈만 안 주었습니다. 그리고 잠시 후에는 반대로 내가 그분께 책을 팔기 시작했습니다. 나는 내 사무실에 있던 책 중에 〈크게 성공하는 비결〉, 〈꿈과 소원 목록을 적으면 그대로 된다〉를 수십 권씩 들고 나와 테이블에 올렸습니다. 그분은 내 설명을 듣더니 책을 사고 싶다며 이렇게 말했습니다.

"정말 뭐든지 하실 분이네요. 뭘 해도 꼭 해내겠어요."

그렇습니다. 내 안에는 실제로 무엇이든지 하실 분이 계십니다. 그분은 사람이 해낼 수 없는 것들을 초자연적인 도움을 주어 해내게 하시는 기적의 하나님이십니다.

"이르시되 너희 믿음이 작은 까닭이니라. 진실로 너희에게 이르노니 만일 너희에게 믿음이 겨자씨 한 알 만큼만 있어도 이 산을 명하여 여기서 저기로 옮겨지라 하면 옮겨질 것이요 또 너희가 못할 것이 없으리라."(마 17:20)

지금 당신 앞에 감당하기 어려운 큰 문제가 생겼습니까?

'이 사람은 도저히 안 돼.'
'이 금액은 도저히 결제 못해.'
'저 원수 같은 사람 도저히 용서 못해.'
'내가 7만 명에게 어떻게 복음을 전해?'

그런 당신과 내 안에 겨자씨 한 알보다도 억만 배나 크신 성령님이 들어와 계십니다. 주일날 설교 말씀이 떠오릅니다.
"개미가 수도 없이 여러 번 옮겨 쌓아올린 산을 사람이 한 번 만지면 와르르 무너집니다. 여러분의 문제도 그렇습니다."
많은 경우 성령님께 묻지 않고 내 생각을 내세워 몸을 빨리 움직이며 수도 없이 끙끙 앓아 가며 결론을 냈지만, 막상 자고 나면 전혀 다른 방식의 새로운 결론을 주실 때가 있었습니다. 그럴 땐 하루도 아니고 단 몇 분 만에 문제가 다 해결됩니다. 내 안에 가득히 계신 성령님은 기적의 하나님이십니다. 할렐루야!
나와 함께 계신 성령님은 어떤 분일까요?
첫째, 나의 성령님은 기적 같은 큰 꿈을 불어넣어 주신 분입니다. 사람들은 가끔 내게 이렇게 묻습니다.

"아유, 정은하 작가님은 아이들에게 야단칠 때도 조용히 야단치시죠? 큰 소리로 화를 내긴 하세요?"

"그럼요. 저도 화를 내요. 필요할 땐 1년에 한두 번 정도 몰아서 따끔하게 야단쳐요."

나도 세 아이와 함께 지내다 보면 그릇된 말과 행동에 화가 목까지 차오를 때가 자주 있습니다. 그러나 내 앞에 계신 성령님을 보며 눈을 한 번 질끈 감았다 뜨면 성령님이 그 화를 사라지게 만드십니다. 나는 입가에 미소를 띠며 아이들에게 말합니다.

"방금 한 말은 '취소'라고 말하자."

"집에서는 좋은 말을 써 줘. 부탁해."

"예수 이름으로 명하노니 아이들에게 부정적인 생각을 집어넣는 악한 마귀는 떠나가라. 아멘."

나는 아이들을 한 명씩 낳아 기를 때마다 기도했습니다.

"하나님, 이 아이가 매순간마다 성령님과 함께 사는 아이가 되게 하시고 자신이 꾼 큰 꿈들을 다 이루며 평생 온전한 복음을 전하는 삶을 살게 해주세요."

나는 우리 부부와 자녀들의 큰 꿈들이 이미 다 이루어졌다고 믿습니다. 자녀들은 나보다 백배나 더 큰 인물이 된다고 믿습니다. 또한 나보다 백배나 더 큰 믿음을 갖고 있다고 믿습니다.

우리 가족의 큰 꿈과 하나님의 꿈을 위해 나는 참고 또 참습니다. 성령님이 나에게 큰 꿈을 주시고 인내를 가르쳐 주시기 때문입니다. 이러한 인내심이 내게는 너무나 큰 기적입니다.

"인내를 온전히 이루라. 이는 너희로 온전하고 구비하여
부족함이 없게 하려 함이라."(약 1:4)

둘째, 나의 성령님은 기적같이 하루 만에 다 주시는 분입니다.

나는 책 출간 날짜가 다가와 원고를 마무리해 이메일로 보내야
했습니다. 그런데 그동안 원고를 제대로 정리하지 못했습니다.

"성령님, 어떻게 원고를 정리하면 좋을까요? 제목에 맞게 해야
하는데요. 눈앞이 깜깜합니다. 도와주세요. 부탁합니다."

그런데 마감 날 아침에 한 개의 문자가 왔습니다.

지난번 책 출간 때 내가 보낸 원고 중에 책을 내고 남았던 글을
김열방 목사님께서 메일로 보내 주신 것입니다. 나는 순간 "앗싸,
성령님, 억만 번이나 감사합니다" 하며 기뻐 뛰었습니다.

나는 얼른 핸드폰 메일에 들어가 원고를 확인했는데 분량이 10
쪽이나 되었고 책 제목과 어떻게 연결해야 할지 감이 잡혔습니다.
내가 몇 주 동안 했던 고민을 성령님은 전혀 다른 방법으로 하루
만에 그것도 1분 만에 해결해 주신 것입니다. 하나님은 당신을 위
해서도 모든 것을 이미 준비해 놓으셨습니다. 할렐루야!

"하나님은 죽은 자를 살리시며
없는 것을 있는 것으로 부르시는 이시니라."(롬 4:17)

현상이 아닌 실상을 말하며 살자

당신은 컴퓨터를 잘 다룹니까?

나는 컴맹이었습니다. 컴퓨터를 잘 다루지 못하는 사람들을 컴맹이라고 말합니다. 나는 어릴 때부터 컴퓨터에 익숙하지 않았고 컴퓨터 용어들이 어려웠습니다. 그런 내가 컴맹을 탈피하고자 마음을 먹었습니다. 내가 마음먹으면 성령님이 인도하십니다.

며칠 전에 내 노트북 키보드가 고장 났습니다.

요즘은 스마트폰에 책을 쓰는 것보다 노트북을 들고 다니며 책을 쓰는 것이 더 좋은데 무척 난감했습니다. 나는 크기가 작고 가벼운 넷북을 알아보고 아주 저렴한 가격에 사게 되었습니다.

무게도 가볍고 5시간 분량으로 배터리가 충전되어 아침마다 카페에 들고 갈 때 무리 없어 보였습니다. 그런데 중고여서 '한글과 컴퓨터' 프로그램이 있는지 확인하지 않고 돈을 줬습니다.

나는 즉시 판매자에게 요청해서 15,000원을 환불받고 결국 25,000원에 넷북을 갖게 되었습니다. 나는 당장 들고 카페에 가서 책을 쓰고 싶었습니다. 하지만 웬일인지 인터넷 연결이 안 되어 대치동에 있는 삼성서비스 센터에 들고 가야 했습니다.

"한글과 컴퓨터 프로그램을 깔고 싶은데요."

"고객님, 이것은 너무 오래 되어서 운영체제를 XP에서 윈도우7로 바꿔야 합니다. 한글 2010은 저희가 무료로 깔아 드리겠습니다. 37,000원입니다. 한글 프로그램만은 27,000원입니다."

배보다 배꼽이 더 커졌습니다. 나는 넷북을 들고 그냥 집으로 돌아와서 가족에게 부탁했습니다. 남편이 손을 보니 인터넷 연결이 아주 잘되었고 필요한 프로그램도 몇 개 깔았습니다. 이 과정을 끝내고 나니 문득 판매자들의 말이 떠올랐습니다.

"이런 사람 처음 봅니다."

내 일상은 성령님과 딱 붙어 있습니다. 그것도 떼려야 뗄 수 없는 강력 접착제로 붙어 있습니다. 어떤 상황에서든 성령님께 물으면 상황에 딱 맞게 떨어지는 아이디어를 주시고 그것을 실행에 옮기면 사람들이 내 말대로 움직입니다. 나도 이런 나를 처음 봅니다. 성령님이 알려주시면 나도 모르게 내가 변합니다.

어쨌든 나는 그동안 많은 깨달음과 원하는 것을 얻었습니다.

내 컴맹의 현실을 너무도 잘 알지만 믿음이라는 접착제로 성령님께 딱 붙어 있으니 내가 원하는 실상만 보고 말하고 행동하게 되었습니다. 당신도 현상이 아닌 실상만 말하며 살기 바랍니다.

"믿음은 바라는 것들의 실상이요 보이지 않는 것들의 증거니
선진들이 이로써 증거를 얻었느니라."(히 11:1~2)

그렇다면 실상을 어떻게 바라보고 말해야 할까요?

첫째, 내가 원하는 것을 구체적이고 정확하게 말해야 합니다.

누구에게요? 당신 앞에 계신 성령님께 말씀드리면 됩니다.

"성령님, 저는 노트북을 가지고 다니며 책을 쓰고 싶습니다. 키보드가 잘 쳐지고 색상은 안과 밖이 모두 화이트이며 무게는 1kg 정도며 제 책보다 조금만 더 큰 사이즈이고 5만 원대 안에서의 넷북을 원합니다. 저에게 꼭 맞는 넷북을 주세요. 부탁합니다. 아멘, 그런 넷북을 받았음. 감사합니다."

내가 믿음의 눈으로 내 앞에 계신 성령님을 보며 이렇게 말씀
드리자 정말 더 좋은 넷북을 주셨습니다. 당신도 구하십시오.

둘째, 바라는 것에 대해 막연한 미래형 말이 아닌 이미 가졌다
는 믿음의 과거형, 현재 완료형으로 말하고 살아야 합니다. 예수
님이 우리의 죄를 위해 십자가에서 돌아가시며 말씀하셨습니다.

"다 이루었다."(요 19:30)

우리는 예수님이 말씀하신 것처럼 말해야 합니다.

"다 이루었다."
"받았음."
"가졌음."
"나았음."
"되었음."

이렇게 말하고 살면 반드시 원하는 것 그대로 됩니다.

"내가 너희에게 말하노니 무엇이든지 기도하고 구하는 것은 받
은 줄로 믿으라. 그리하면 너희에게 그대로 되리라."(막 11:24)

성령님을 바라보며 믿음의 말을 하고 살면 무엇이든지 쉽게 할
수 있습니다. 나는 어렵지만 성령님께는 모든 것이 쉽기 때문입

니다. 인생은 나 혼자가 아닙니다. 언제나 '성령님 더하기 나'라는 사실을 견고하게 믿고 쉽고 행복한 인생을 살기 바랍니다.

날마다 풍성하게 채우시는 하나님

당신은 평생 다니고 싶은 교회를 선택했습니까?

나는 평생 다니고 싶은 교회를 선택했습니다. 나는 하나님의 뜻을 따라 서울목자교회를 평생 다니고 싶다고 기도했습니다.

"하나님, 지금이 너무너무 행복해요. 저는 서울목자교회에서 평생 예배하며 주일마다 귀한 말씀을 듣고 싶습니다."

그러나 불과 4년 전만 해도 서울목자교회에 다니기가 힘들었습니다. 그냥 좋아서 예배하러 산본에서 잠실까지 다녔는데 차비도 꽤 들었고 나중에 늦둥이 딸을 낳고서는 지하철 타기가 안 좋아지자 교회에 가기 위해 택시를 타야 했습니다. 어쩔 때는 헌금 봉투를 빈 봉투로 내기도 했습니다. 그때 마음이 정말 괴로웠습니다.

'서울목자교회를 못 다니면 어떡하지?'

그때 성령님이 이렇게 말씀하셨습니다.

"은하야, 내가 너의 하나님이다. 너는 서울목자교회에 계속 나가라. 내가 도와줄게."

"네, 하나님. 잘 알겠습니다."

나는 토를 달지 않았습니다.

"그래, 나한테 다 없어도 하나님 한 분이 계셔. 바닥까지 가더라도 일단 가고 싶은 교회는 가자."

나는 이렇게 생각하고 얼굴에 철판을 깔고 예배하러 잠실로 계속 갔습니다. 그런데 놀랍게도 얼마 되지 않아 자비하신 하나님은 우리 가정에 넘치는 복을 쏟아 부어 주셨고 몇 십 년 치의 택시비를 하루 만에 다 주셨습니다. 하지만 그것보다 더 이상 주일마다 택시비를 쓸 일이 없어진 것이 더 큰 복이었습니다.

왜일까요? 성령님께서 우리 가정을 들어 올려 잠실에 있는 두 배나 더 넓은 큰 집으로 옮겨 주셨기 때문입니다. 할렐루야!

"나의 하나님이 그리스도 예수 안에서 영광 가운데 그 풍성한 대로 너희 모든 쓸 것을 채우시리라."(빌 4:19)

보이지 않는 공급자, 나의 하나님은 채우시는 하나님이십니다.

요즘은 빈 냉장고를 알밤, 감자, 마늘, 양파, 생강으로 가득 채우시고 염증으로 비었던 내 오른쪽 다리의 근육을 튼튼한 근육으로 가득 채우기도 하셨습니다. 수면력도 채우시어 잠도 풍성하게 잡니다. 하나님은 그분의 영이신 성령님을 통해 당신의 믿음도 함께 채우고 키우십니다. 구체적으로 무엇을 채우실까요?

첫째, 인내심을 풍성하게 채우고 키우십니다.

내 인생에서 인내심을 가져야 할 것은 너무 많았지만 그 중에서도 자녀를 키우는 부모로써 아주 큰 인내심이 필요했습니다.

한번은 두 아이가 함께 사춘기일 때는 아이들의 변화에 대해 내 인내심이 한계에 달했다고 생각했습니다. 그러나 내 안에 계신 성령님은 너무도 너그럽고 평화로우셨습니다.

"은하야, 잘하고 있다. 아이들이 얼마나 사랑스럽니? 너도 사춘기 때는 너희 엄마가 너를 이해하기 힘들어했다."

"네, 성령님. 맞습니다."

나는 성령님의 말씀을 듣고 돌이켜 사춘기인 아이들에게 사랑스런 눈빛과 미소를 지어 보내며 인내할 수 있었습니다.

"내 형제들아, 너희가 여러 가지 시험을 당하거든 온전히 기쁘게 여기라. 이는 너희 믿음의 시련이 인내를 만들어 내는 줄 너희가 앎이라."(약 1:2~3)

둘째, 지혜를 풍성하게 채우고 키우십니다.

주일날 지혜에 대한 설교 말씀이 있었습니다.

"여러분, 지식은 하나님의 말씀을 아는 것이고 지혜는 지식을 실천으로 옮겨 말씀에 순종하는 것입니다."

나는 시시때때로 성령님의 음성을 듣습니다.

"아무것도 염려하지 말고 다만 모든 일에 기도와 간구로 너희 구할 것을 감사함으로 하나님께 아뢰라. 그리하면 모든 지각에 뛰어난 하나님의 평강이 그리스도 예수 안에서 너희 마음과 생각을 지키시리라."(빌 4:6~7)

이렇게 성경 말씀을 내 마음에 선명하게 떠올려 주십니다.

때로는 세미한 음성으로 내 마음에 지시하십니다.

"은하야, 지금 은행에 가서 잔고를 확인해라."

"은하야, 지금 아이들에게 이렇게 카톡을 보내라."

나는 성경 말씀과 성령님의 음성을 듣고 이렇게 말합니다.

"네, 잘 알겠습니다. 억만 번이나 감사합니다."

나는 날마다 하나님의 지혜가 쌓이고 쌓여 풍성합니다.

셋째, 믿음에 대한 약속들을 상으로 채우고 키우십니다.

"믿음이 없이는 하나님을 기쁘시게 하지 못하나니 하나님께 나아가는 자는 반드시 그가 계신 것과 또한 그가 자기를 찾는 자들에게 상 주시는 이심을 믿어야 할지니라."(히 11:6)

하나님은 상을 주시는 분입니다. 나는 그동안 하나님께 행복의 상을 많이 받았습니다. 물질도 많이 받았지만 지금 내가 방방 뛰며 행복해 할 수 있는 이 시간이 나에게는 가장 큰 상입니다.

당신도 많은 상을 하나님께 기대하십시오, 그분은 말씀대로 믿음의 상을 주시는 분입니다. 당신을 한없이 축복합니다.

시간 약속의 우선순위를 정하라

당신은 시간 약속을 잘 지킵니까?

나는 예전에 시간 약속에 몇 분씩 늦게 나가곤 했는데 그때마다 마음이 불편했습니다. 어느 주일날 이런 말씀이 있었습니다.

"여러분, 직장에서든 어디서든 시간 약속은 필수입니다. 주일 예배도 10시 30분까지 미리 와서 30분간 기도하세요. 예수 이름으로 기도하면 다 응답받습니다. 하나님께 간절히 기도하세요."

아이들과 함께 움직인다는 핑계로 종종 몇 분씩 예배 시간에 늦곤 했는데 이 말씀을 듣고 나는 시간에 있어 자급자족하고 혼자 움직이기로 결심했습니다. 그래서 성령님께 물었습니다.

"성령님, 아이들에게 주일날 각자 움직이자고 얘기하면 어떨까요? 어떻게 말하면 좋을까요?"

한참 후에 카페에서 책을 읽고 생각에 잠겼는데 성령님이 내 마음에 이렇게 말씀하셨습니다.

"카톡 투표를 이용해 봐."

나는 바로 아이들과의 채팅방 투표를 눌렀습니다.

그리고 이렇게 적었습니다.

"주일예배 시간을 위해, 1번은 모두 함께 10시에 집에서 출발한다. 2번은 각자 택시 타고 10시 30분까지 온다. 택시비는 엄마와 상의 후 분담함. 자전거로도 가능함."

학교가 끝나고 돌아온 아이들이 각자 투표에 참여했습니다.

결과는 1번이 3명으로 나왔습니다. 그래서 우리는 요즘 주일날 모두 함께 10시에 집을 나서 예배하러 가고 있습니다. 일찍 나서니 서두를 필요도 없고 지각도 안 해서 주일날이 더 행복합니다.

나는 내 인생에 있어 시간 약속에 대해 우선순위를 둡니다.

어떤 시간 약속들일까요?

첫째, 하나님과의 시간 약속입니다. 나는 아침에 일어나면 제일 먼저 그분의 얼굴을 보고 이렇게 말씀드립니다.

"성령님, 안녕하세요. 정말 행복합니다."

성령님을 알게 되었을 때부터 지금까지 한결같습니다. 그리고 혼자 책 읽고 깨달음을 얻는 시간을 가지며 하루일과에 대해 성령님의 음성으로 지시를 듣습니다. 성령님의 시간은 정확합니다.

"오늘은 여기까지 해라."

"그만 먹어라."

"산책 갈 시간이다."

"몇 시까지 결제를 해라."

"이제 아이를 재우고 너도 자야 한다."

이러한 하나님과의 약속은 매우 중요합니다. 당신도 무조건 많이만 하려고 하지 말고 때를 따라 일하며 잘 멈추기 바랍니다.

"날 때가 있고 죽을 때가 있으며 심을 때가 있고 심은 것을 뽑을 때가 있으며 죽일 때가 있고 치료할 때가 있으며 헐 때가 있고 세울 때가 있으며 슬퍼할 때가 있고 춤출 때가 있으며 돌을 던져 버릴 때가 있으며 안을 때가 있으며 찾을 때가 있고 잃을 때가 있으며 지킬 때가 있고 버릴 때가 있으며 찢을 때가 있고 꿰맬 때가 있으며 잠잠할 때가 있고 말할 때가 있으며 사랑할 때가 있고 미워할 때가 있으며 전쟁할 때가 있고 평화할 때가 있느니라."(전 3:2~8)

둘째, 사회에서의 시간 약속입니다.

가정에서나 직장에서나 시간 약속을 어기면 서로 불편한 마음이 생깁니다. 나는 아이들에게 밖에서 놀다가도 저녁 식사 시간 전에 들어올 것을 꼭 지켜 달라고 말합니다.

셋째, 결제에 대한 약속입니다.

인생은 돈을 결제할 때가 굉장히 많습니다. 그래서 편의를 위해 자동이체 시스템을 만들어 놓고 그곳에서 오늘도 결제되고 내일도 결제되고 며칠 뒤 알아서 결제 일에 맞추어 빠지게 합니다.

나는 하나님께 자주 '결제 통장'에 결제 금액을 많이 넣어 달라고 부탁합니다. 그러면 하나님께서 기도 응답으로 통장에 돈을 채우십니다. 그러니 자동으로 결제에 대한 약속이 지켜집니다.

당신도 인생에서 시간 약속에 대한 우선순위를 두십시오. 하나님과의 시간 약속을 지키면 나머지는 자동으로 지켜집니다.

이것을 믿고 여유롭고 행복한 삶을 살기 바랍니다.

믿음이 견고해지는 유일한 방법

당신은 자전거를 자주 탑니까?

나는 자전거를 자주 타는 편입니다. 오전에 주로 자전거를 타고 업무를 보기 위해 이동합니다. 자전거를 타면 정체 구간이 없고 걷는 것보다 훨씬 빠르게 이동할 수 있어서 좋습니다.

그런데 어느 날부턴가 이런 생각이 들었습니다.

'아, 왜 이렇게 힘들지? 자전거를 내가 태우고 가는 느낌이야.'

그래도 나는 아침마다 성령님과 함께 카페에 가는 것이 재밌어서 좀 힘들어도 자전거를 타고 가고 또 갔습니다. 20일쯤 지나 아들과 함께 자전거를 타고 올림픽공원에 가고 있었습니다. 아들은 발을 별로 구르지 않는데도 씽씽 잘 달렸습니다. 나는 저 뒤에서 "아들, 같이 가자" 하며 페달을 열심히 굴렸습니다. 역시 자전거를 내가 태우고 가는 느낌이었습니다. 거의 다 도착할 때쯤 자전거 대리점이 보였습니다. 나는 사장님께 여쭤었습니다.

"안녕하세요. 자전거를 제가 태우고 가는 것처럼 힘들어요."

"아, 그래요? 바람을 넣어 보세요."

나는 자전거의 많은 곳을 수리해야 할 거라고 생각했는데 사장님은 자전거를 한 번 만져 보지도 않고 한마디만 했습니다.

아들이 내 자전거에 바람을 알맞게 넣어 주었습니다. 나는 다 된 자전거를 타고 달려 보았습니다. 그런데 신기하게 자전거가 씽씽 아주 잘 나가는 것이었습니다.

"정말 바람이 빠져서 그랬구나. 역시 전문가는 다르네."

이제 자전거가 나를 태우고 씽씽 달리기 시작했습니다.

무거운 짐이 한방에 다 날아간 듯했습니다.

나는 모태 신앙인으로 자랐지만 성인이 될 때까지 마음에 무거운 짐이 있을 때가 많았습니다. 물론 내가 느끼든 못 느끼든 하나님이 내 인생의 짐을 모두 담당해 주셨을 겁니다. 그럼에도 내가 온전한 복음을 깨닫지 못했을 때는 이런 생각을 자주 했습니다.

"다른 사람이 내 짐을 덜어 줄 거야."

"뭔가 짜릿한 것을 하고 나면 이 짐이 사라질 거야. 세상에는 내 마음의 짐을 날려 버릴 흥미롭고 새로운 것이 많아."

　그러나 21살 때 서울목자교회에서 김열방 목사님을 통해 온전한 복음을 듣고 깨달았을 때 하나님은 놀라운 비밀을 나에게 말씀하셨습니다. 그것은 바로 크신 성령님에 대한 것이었습니다.

　"일상생활에서 크신 성령님과 동업하라."

　그래서 나는 그때부터 오직 성령님과 동업하는데 집중했습니다. 일어나서 걸을 때, 학교 가는 길에, 결혼하고 나서도 여전히 자고 일어나면 성령님께 인사드렸고 사람을 볼 때도 그 옆에 계신 성령님을 보았습니다. 물론 하루 종일 완벽하진 않았지만 성령님은 날이 갈수록 나와 더 친밀하게 실제로 계셨습니다.

　이렇게 나는 온전한 복음을 깨닫고 믿음이 견고해졌습니다.

　나의 믿음은 바람이 빠진 자전거가 아니라 바람을 빵빵하게 넣은 자전거처럼 되었습니다. 나는 성령의 바람이 빵빵한 잘 달리는 자전거가 되었습니다. 날이 갈수록 내 믿음은 좋아지고 더 견고해졌습니다. 흔들리지 않았습니다. 행복했습니다.

　"내가 여호와를 항상 내 앞에 모심이여, 그가 나의 오른쪽에 계시므로 내가 흔들리지 아니하리로다."(시 16:8)

　흔들리지 않는 믿음, 다시 말해 견고한 믿음은 항상 여호와를 모시는 것입니다. 당신도 나처럼 되려면 어떻게 하면 될까요?

　첫째, 성령님을 부르십시오.

　나는 소리 내어 성령님을 부릅니다. 소리가 안 나도 내 눈이 성령님을 부르고 있습니다. 내가 부르기도 전에 성령님이 이미 나를 보고 계십니다. 나는 그분과 잘 통합니다.

"성령님."

성령님을 부르는 순간 내 얼굴이 그분의 얼굴을 따라 환한 미소를 짓고 내 마음의 무거운 짐이 순식간에 다 사라집니다.

365일 24시간 믿음 파이프를 통해 성령님이 나와 항상 함께 계십니다. 당신도 하나님을 믿고 믿음이 견고해지고 싶다면 지금 바로 "예수님을 믿습니다"라고 고백하고 복음의 전문가이자 믿음의 전문가이신 성령님을 부르십시오. "성령님. 성령님."

둘째, 억만 번이나 행복하다고 말로 표현하십시오.

아무 사람 앞에서나 아무 상황에서나 행복하다고 웃기만 하라는 말이 아닙니다. 오직 성령님의 얼굴을 보고 "억만 번이나 행복합니다"라고 말하며 환하게 웃으라는 말입니다. 그러면 지혜의 영이신 성령님께서 당신의 모든 수고와 무거운 짐을 맡아 주시고 적절한 때에 적절한 말과 생각과 행동을 하도록 알려주십니다.

성령님이 당신의 짐을 대신 져 주시고 행복을 주십니다.

"수고하고 무거운 짐진 자들아, 다 내게로 오라.
내가 너희를 쉬게 하리라."(마 11:28)

셋째, 억만 번이나 감사하다고 말로 표현하십시오.

몇 주 동안 설교 말씀에 방언 기도에 관해 말씀을 주셨습니다.

"여러분, 방언 기도는 100퍼센트 감사의 기도입니다."

나는 방언을 받고 감사해서 눈물을 펑펑 쏟았지만 며칠 후부터는 방언을 거의 말하지 않았습니다. 그러나 나는 "방언은 100퍼센트의 감사 기도다"라는 말씀을 듣고 눈이 휘둥그레져 바로 방언을 말하고 싶어졌습니다. 지금 내가 누리는 삶이 너무 행복하고 감사해서입니다. 지금은 혀가 구르기만 하면 할렐루야가 나옵니다. 그리고 하루 종일 감사를 입에 달고 삽니다.

"억만 번이나 감사합니다."

"억만 번이나 감사합니다."

"하나님, 억만 번이나 감사합니다."

다른 것은 다 작게 여겨집니다. 믿음이 견고하니 힘들지 않습니다. 당신도 이제 성령님과 동업하는 삶을 살게 되었습니다. 그러므로 날마다 믿음이 견고해질 것입니다. 이것을 믿기 바랍니다.

당신을 축복합니다.

사람의 모습보다 성령님의 모습에 더 민감하라

당신은 혹시 거리의 사람들 모습에 민감하지 않습니까?

나는 거리의 사람들 모습에 민감하지 않습니다. 내가 살고 있는 잠실은 아침이나 점심이나 저녁이나 언제나 거리에 사람들이 많습니다. 길을 가다 보면 사람들의 모습을 보게 되는데 나는 그들보다 그들 옆에 계신 성령님의 모습에 민감합니다. 그 이유는 내가 세계 사람들을 위해 기도하고 받은 응답과 기도 제목들이 있기 때문입니다. 그것이 무엇일까요?

첫째, 예수님을 믿는 전 세계 사람들이 영원토록 성령님과 동행하는 삶을 살게 도와주세요. 아멘. 감사합니다. 되었음.

둘째, 70억 인구 중 믿지 않는 사람들에게 온전한 복음을 전하게 해주세요. 그들에게 자비를 베풀어 주세요. 아멘. 그렇게 되었음. 감사합니다.

셋째, 성령님과 완전히 동업하는 사람들이 세계적인 재벌과 지도자가 되게 해주세요. 아멘. 그렇게 되었음. 감사합니다.

"그러므로 내가 너희에게 말하노니 무엇이든지 기도하고 구하는 것은 받은 줄로 믿으라. 그리하면 너희에게 그대로 되리라."(막 11:24)

받았다고 믿고 나는 거리의 사람들을 볼 때도 그 옆에 계신 성령님을 바라봅니다. 내가 하나님을 믿고 행복해진 것은 하나님이 태초부터 나를 선택하셨고 축복의 통로인 주변 사람들을 통해 나를 이끄셨기 때문입니다. 하나님은 사람을 통해 그분의 꿈인 복음을 전하십니다. 나의 시선 하나가, 믿음의 말 한마디가 이방인들을 수없이 구원할 것을 믿습니다. 나는 얼마 전에 남편과 함께 잠실 종합운동장에 갔습니다. 전국체육대회를 하는데 가보고 싶었습니다. 경기장에 도착했을 때 마침 우리가 좋아하는 100m경기를 하고 있었습니다. 나는 남편에게 궁금한 것을 물었습니다.

"여보, 여기에 총 몇 명이 앉을 수 있을까요?"

"몇 만 명 아닐까? 인터넷 쳐보면 다 나와."

나는 검색해 봤습니다. 약 7만 명이 앉을 수 있는 좌석이었습니다. 나는 하나님께 기도했습니다.

"성령님, 여기서 7만 명이 앉아서 하나님의 복음을 듣고 성령을 체험하고 방언을 받게 해주세요. 아멘. 감사합니다. 되었음."

하나님이 나에게 새로운 꿈을 불어넣어 주신 것입니다.

나는 하나님을 완전히 믿습니다. 그분은 전지전능하신 분이며 시간과 공간을 초월해 하루 만에도 7만 명에게 복음을 전하게 하실 것입니다. 내가 하는 것이 아니라 내 안에 계신 성령님이 다 하십니다. 당신도 아주 큰 꿈을 가지십시오. 그러면 당신에게도 하루 만에 하나님의 큰 응답과 기적이 일어날 것입니다.

"사랑하는 자들아, 주께는 하루가 천 년 같고 천 년이 하루 같다는 이 한 가지를 잊지 말라."(벧후 3:8)

하나님의 꿈은 멈추지 않고 계속된다

당신은 팔에 성경 말씀을 쓴 적이 있습니까?

나는 때때로 팔에 성경 말씀을 쓰고 하루일과를 보내곤 합니다. 둘째 아이가 17개월 되었을 때 두 아이를 데리고 어린이집에서 근무했습니다. 아침 7시 30까지 두 아이를 데리고 어린이집에 들어서면 퇴근 시간인 저녁 7시까지 점심시간에도 개인적으로 쉴 시간이 없이 아이들을 계속 돌봐야 했습니다. 나는 성경 말씀을 암송하려고 자투리 시간을 내려고 했습니다. 그러다 아이들을 집에 각각 바래다주고 돌아가는 길에 기사님은 운전을 하시고 내가 잠시나마 혼자 자리에 앉아 있는 시간을 갖게 될 때 암송을 해야겠다고 마음먹었습니다. 나는 팔에 적은 말씀을 암송했습니다.

"항상 기뻐하라. 쉬지 말고 기도하라. 범사에 감사하라. 이것이 그리스도 예수 안에서 너희를 향하신 하나님의 뜻이니라."(살전 5:16~18)

지금은 이 말씀이 내 인생에 전부가 될 정도로 귀하고 중요한 말씀이고 내가 살아가는 원동력이 됩니다. 한숨을 내쉬려고 하면 이 말씀이 떠오르며 웃게 됩니다. 내 안에 가득히 계신 성령님이 말씀으로 나에게 얘기하시는 것입니다. 막상 암송할 때는 잘 몰랐지만 어느 정도 시간이 흐른 후, 과거에 암송한 말씀이 하나씩 떠오를 때는 이런 생각이 듭니다.
'아, 하나님이 이런 계획을 가지고 미리 암송하게 하셨구나.'
나는 그런 하나님의 꿈과 계획을 존중합니다.
하나님의 꿈과 계획은 무엇일까요?
첫째, 하나님의 꿈과 계획은 모든 사람이 온전한 복음을 깨닫고 의성건부지평생을 누리는 것입니다. 누가요? 나부터입니다.
나는 교회에서 김열방 목사님의 설교 말씀을 듣고 온전한 복음을 깨달았습니다. 그리고 내 마음속 깊은 곳에서 방방 뛰듯이 기쁨이 솟아나고 강물처럼 넘치는 행복이 밀려왔습니다.

"성령님을 부르며 일상생활을 하는 것이 가능하네. 정말로 하나님이 내 앞에 살아 계셔. 와, 이럴 수가."

그때부터 성령님은 철저히 나의 모든 순간을 코치하셨습니다.

나는 365일 24시간 성령님의 시선을 받고 살았습니다. 그분은 건강한 몸을 위해 깨끗한 음식을 먹도록 나를 코치하셨습니다. 또한 내가 우주의 재벌 하나님 아빠의 딸답게 부요를 누리기 원하셨고 날마다 그렇게 살 수 있는 새로운 지혜를 주셨습니다.

나는 날마다 평온한 삶을 삽니다. 영원한 생명을 받았습니다.

내 일상생활에 필요한 것들 전부를 하나님께 공급받았고 그분과 날마다 친밀한 교제를 나누게 되었습니다. 할렐루야!

둘째, 전 세계의 복음화입니다.

나는 비전 있는 사람이 아니었고 비전을 갖고 싶지도 않았던 사람이었습니다. 숨어만 다니던 사람이었습니다. 그런 내가 성령님을 모시면서 그분의 '세계 비전'이 내게 심겨졌습니다. 나는 단순히 그분을 사랑하며 행복한 일상을 보내고 있었는데 놀랍게도 세계 비전이 점차 내 가슴에 뿌리가 박히고 터가 굳어졌습니다.

나는 예전에 세계 비전을 위해 기도하지 않았고 처음에는 단순히 이렇게만 기도했습니다.

"성령님, 행복합니다."

"성령님, 감사합니다."

"성령님, 사랑합니다. 사랑합니다. 사랑합니다. 많이 사랑하니다.”

그러던 어느 날부터 내 입에서 이런 기도도 흘러 나왔습니다.

“성령님, 잠실에 있는 예수님을 믿는 사람들이 성령님과 날마다 교제하게 해주세요. 전국과 세계에 있는 믿지 않는 사람들이 온전한 복음을 듣고 보게 해주세요. 아멘, 감사합니다. 되었음.”

“믿음으로 말미암아 그리스도께서 너희 마음에 계시게 하시옵고 너희가 사랑 가운데서 뿌리가 박히고 터가 굳어져서.”(엡 3:17)

뿌리가 깊이 박힌 식물은 줄기가 계속 뻗어 나가고 꽃이 피고 열매를 맺습니다. 그분의 사랑과 꿈과 계획도 그렇습니다.

셋째, 그분의 꿈을 위해 사람을 준비시키십니다.

나는 학교 다닐 때, 시험공부 할 때면 연습장 가장 윗줄에 성경 말씀을 적어 놓고 시작했습니다. 그런 행동이 그때는 이해가 안 되었지만 지금은 내가 왜 그랬는지 깨달아집니다. 나를 준비시키시는 하나님 때문이었던 것입니다. ‘준비시키는 하나님.’

그분은 내게 공부보다 하나님이 우선임을 준비시키셨습니다.

그분의 꿈을 위해 나를 준비시키셨습니다. 학교 지식이 적고 어눌했던 내가 이렇게 귀한 책을 쓸 줄 어떻게 알았겠습니까? 내 평생에 꿈도 못 꿀 일이었지만 하나님은 내 안에서 성령님으로 살아 계시며 계속 이것을 꿈꾸어 오셨던 것입니다.

당신이 예배 시간에 받아 적는 설교 말씀 한 마디, 그리고 일상에서 하나님을 바라보는 1초를 귀하게 여기기 바랍니다. 헌금 봉투에 "예수님, 사랑합니다"라고 적은 한 구절을 하나님은 모두 기억하고 계십니다. 하나님의 꿈을 위해 당신은 준비되고 있습니다.

당신 안에 살아 계신 하나님이 당신으로 하여금 책을 써서 복음을 전하게 하시고 지도자로 서도록 준비시키고 계십니다.

"여호와께서 너를 머리가 되고 꼬리가 되지 않게 하시며 위에만 있고 아래에 있지 않게 하시리니 오직 너는 내가 오늘 네게 명령하는 네 하나님 여호와의 명령을 듣고 지켜 행하며."(신 28:13)

성령님이 당신과 내 안에 실제로 가득히 들어와 계십니다.

그러니 아무 염려 말고 최고의 자존감을 가지고 큰 꿈과 작은 소원들을 마음껏 갖기 바랍니다. 당신을 한없이 축복합니다.

내 몸은 나 더하기 성령님이다

당신은 담배 연기를 피해 다닙니까?

나는 담배 연기를 피해 다닙니다. 도시의 거리를 지날 때마다 요즘은 성별을 가리지 않고 마구 담배 피는 모습을 자주 보게 됩니다. 그 옆을 지날 때마다 나는 최대한 멀리 돌아서 다른 길로 가기도 합니다. 그리고 그 사람들을 불쌍히 여기며 기도합니다.

"성령님, 저 사람들은 왜 자기 속에 나쁜 것을 집어넣을까요? 모두 성령님을 의지해서 담배를 끊게 해 주세요. 아멘. 그렇게 되었음. 감사합니다."

하나님이 먹으라고 하신 것만 먹고 살아야 합니다. 바로 '곡채과 소양가생무'인데 풀면 곡식, 과일, 채소, 양고기, 가금류, 생선, 무 첨가제 식품 등입니다. 우리가 건강을 지켜야 하는 이유는 아주 명확합니다. 우리 몸이 하나님의 성전이기 때문입니다.

"너희는 너희가 하나님의 성전인 것과 하나님의 성령이 너희 안에 계시는 것을 알지 못하느냐."(고전 3:1)

나는 항상 '나 더하기 성령님'을 기억합니다. 그래서 내 속에 계신 성령님을 위해 영적으로는 상쾌하고 또 육적으로는 깨끗하게 유지합니다. 우리는 100세 시대를 살고 있습니다.

어떻게 하면 영과 육을 잘 관리할 수 있을까요?

첫째, 성령님이 당신의 영과 마음을 관리해 주십니다.

요즘은 정신적으로 힘들어서 병에 걸리거나 중독에 빠지는 경우가 많은 것 같습니다. "건강한 정신이 건강한 신체를 만든다"는 말은 쓰고 또 써도 중요합니다. 성경에 자세히 나와 있습니다.

"하나님의 말씀은 살아 있고 활력이 있어 좌우에 날선 어떤 검보다도 예리하여 혼과 영과 및 관절과 골수를 찔러 쪼개기까지 하며 또 마음의 생각과 뜻을 판단하나니."(히 4:12)

사람이 건강한 영혼과 마음을 갖고 있는지는 하나님의 말씀이 판단합니다. 예수님을 믿으면 예수의 영이신 성령님이 당신 안에 들어와 계셔서 당신의 영과 마음의 주인이 되어 주십니다. 그래서 당신의 영과 마음을 판단하고 관리해 주십니다.

주일날 설교 말씀에 이런 내용이 있었습니다.

"여러분, 방언 기도를 많이 하면 영이 강해집니다."

그래서 나는 방언 기도를 많이 합니다. 생목으로 하면 목이 아파서 지치지만 혀로 "할렐루야, 랄랄랄라" 하면 목이 아프지 않습니다. 지금은 방언 기도가 내 취미가 되었습니다. 그래서 나는 영이 강합니다. 성령님이 항상 내 앞에 계십니다.

"내가 여호와를 항상 내 앞에 모심이여, 그가 나의 오른쪽에 계시므로 내가 흔들리지 아니하리로다."(시 16:8)

둘째, 당신을 관리해 주시는 성령님을 완전히 믿으십시오.

나는 매일 아침에 성령님께 묻는 습관이 있습니다.

"성령님, 오늘 저녁 식사 메뉴는 무엇으로 할까요?"

저녁 식사 때 온가족이 모여 먹기 때문에 우리 집은 5살 어린 아이부터 중고생, 그리고 우리 부부가 잘 먹는 음식을 모두 고려해야 합니다. 성령님께 물은 지 오래 되다 보니 이제는 냉장고 문을 열고 재료 한 가지만 보아도 메뉴가 바로 생각납니다.

"닭 가슴살 샐러드, 카레, 낮 간식은 아랫집에서 준 고구마."

나는 감탄하며 이렇게 말합니다.

"와! 성령님은 정말 천재예요. 억만 번이나 감사합니다."

성령님과 메뉴를 정하는 습관을 들이면 밖에서 화학 첨가물 덩어리 음식들은 눈에 보이지 않습니다. 보여도 피하고 집에 와서 깨끗한 음식을 만들어 먹습니다. 그래서 늘 건강합니다.

셋째, 성령님은 내 몸의 트레이너이십니다.

헬스장에 있는 트레이너는 지나가다 몇 분 정도 코치해 주지만 성령님은 365일 24시간 나의 체력 관리를 해주십니다.

나는 성령님께 정중하게 코치를 부탁드립니다.

"성령님, 함께 걸으시지요."

"성령님, 함께 스트레칭 해주세요."

"성령님, 자전거 탈 때 저를 이끌어 주세요."

"성령님, 제가 책을 읽거나 쓸 때 한 자세로 오래 앉아 있으면 혈액순환이 잘 안 되니 때가 되면 저에게 일어나서 다리를 움직이라고 말씀해 주세요. 부탁드립니다."

그러면 성령님은 때마다 적절한 운동을 하도록 지혜를 주시므로 나의 체력을 꼼꼼히 관리해 주십니다.

당신과 나는 하나님의 귀한 자녀입니다. 하나님의 눈과 마음은 그분의 자녀인 당신에게 고정되어 있습니다. 어떻게든 잘되게 하고 복을 주시려고 항상 시선을 떼지 않으십니다. 이것을 믿고 건강하고 행복하게 살고 늘 평화롭게 살기 바랍니다.

당신을 억만 번이나 축복합니다.

하루 만에 다 주신다고 믿어라

초판 1쇄 인쇄 | 2019년 12월 10일
초판 1쇄 발행 | 2019년 12월 15일

지은이 | 김열방 김사라 이숙경 이은영 정은하

발행인 | 김사라
발행처 | 날개미디어
등록일 | 2005년 6월 9일. 제2005-44호
주소 | 서울특별시 송파구 백제고분로9길 6(잠실동, A동 3층)
전화 | 02)416-7869
메일 | wgec21@daum.net

ISBN : 978-89-91752-764(03230)

책값 20,000원